孙子兵法全球行系列丛书

《孙子兵法》与教育领域

韩胜宝　主编

古吴轩出版社
中国·苏州

卷首语

《孙子兵法》诞生于中国春秋晚期，是中国古代著名军事家孙武的经典之作。作为中国传统文化的优秀代表，它不仅影响了世界2500多年，更使中国人的智慧在全球散发出夺目的光彩。如今，关于《孙子兵法》的研究机构遍布全球，专业或业余研究人员数不胜数，形成了当代世界范围内的“孙武热”。

近年来，《孙子兵法》越来越受到中外政治家、军事家、思想家和企业家的重视，其蕴含的深刻思想和中国人的大智大慧，已融入了现代军事学、管理学、经济学、社会学、情报学、行为学之中。《孙子兵法》在全球应用之广、涉及领域之多、实用价值之高、成果之大，是无与伦比的。

由中国新闻社资深记者、苏州市相城区孙武研究会常务副会长韩胜宝先生主持的“孙子兵法全球行”，沿着《孙子兵法》的传播轨迹，足迹遍及五大洲66个国家和地区、100多个城市，行程数十万里，走访了上千个与兵学相关的学术研究机构、知名高等学府、知名企业及军事要塞、战争纪念场馆、文化中心、体育赛场，乃至街道社区，连续刊发600多篇稿件、1000多幅图片，从政治、军事、外交、商贸、文化、科技、情报、体育和社会生活等领域，全方位、多视角报道《孙子兵法》在全球的应用和影响。

“孙子兵法全球行”见证了孙武文化从苏州走向世界，也见证了孙武文化在全球的影响力。《孙子兵法》走向世界已有千年，翻译出版和传播应用涵盖世界各大洲。可以说，孙子文化誉满全球，是中华文化走出去最早也是最成功的案例。目前，全球有近40个国家语言文字、数千种《孙子兵法》的刊印本，可与全世界发行量和影响力极大的《圣经》媲美。

“孙子兵法全球行”作为一次文化之旅、传播之旅，受到了海内专家学者的认可：向世界介绍中国的优秀文化，在海内外双向传播孙武及其兵法的理论、学术和实践活动，进一步架起与世界沟通的桥梁，促进世界的和平与发展，这正是“孙子兵法全球行”的意义所在。

本系列丛书是面向大众的人文社科普及读物。用全球的视角诠释孙武，用世界的眼光解读兵法，真实再现了中华文明结晶如何走出国门、影响世界。

目录

第二章 地方学府

第三章　孔子学院

第四章　民间学堂

第一章　军事学院

欧洲军事院校把《孙子兵法》列入必修课

英国国防大学联合指挥与参谋学院把《孙子兵法》列入必修课，每年都会举办专题演讲和兵学研究。

据介绍，英国国防大学联合指挥与参谋学院是英国目前规模最大的军事院校，主要招收英三军校级军官及同级地方官员，是英军培养中高级联合作战指挥军官的摇篮，同时也为近50个国家培训校级军官，在世界各国军校中享有较高知名度。而《孙子兵法》成为该院提高学员战略思维能力的武器。

第二次世界大战名将蒙哥马利元帅曾提出，要重视对中国《孙子兵法》的学习研究。蒙哥马利是英国杰出的军事家、战略家，第二次世界大战中盟军杰出的指挥官之一，著名的阿拉曼战役、诺曼底登陆为其军事生涯的两大杰作。1961年，蒙哥马利元帅应邀来中国访问，他在会见毛泽东时，建议把《孙子兵法》作为世界各国军事学院的必修教材。英国皇家指挥学院早就把《孙子兵法》列为战略学和军事理论的第一本必读书。

1943年，正值第二次世界大战期间，苏联元帅伏罗希洛夫根据高等军事学院学术史教研室建议，以莱昂纳尔·贾尔斯1910年的英译本为蓝本，转译成《孙子兵法》俄译本，该译本被列为苏联军事学术史教学与研究的重要内容。苏联的《苏联军事百科全书》列有孙子的条目。

二战中，苏军将《孙子兵法》列为军事学术必修课，并在卫国战争中得到应用。如今在俄罗斯武装力量中，研读《孙子兵法》的人越来越多。

1957年，由当时的德意志民主共和国国防部在柏林出版了《孙子兵法》德译本，把它作为东德军事院校的教学材料。

意大利前国防部副部长斯特法诺·西尔维斯特里说，与孙子缜密的军事、哲学思想体系，深邃的智慧、哲理相比，罗马兵法和欧洲其他兵法显

罗马尼亚国防大学开设《孙子兵法》课程

得逊色，包括意大利在内的许多欧洲国家的军事院校和高级将领都在研读《孙子兵法》。

法国战略研究基金会亚洲部主任瓦莱丽·尼凯评价说，法国对《孙子兵法》的研究、传播和应用是积极的，这部中国古代经典在法国深受欢迎，尤其在法国军界研读很普遍。法国国防大学、法国巴黎军事学院高等研究中心、法国空军历史档案馆、法国国防研究基金会、法国战略研究基金会、法国核军备研究专家中，有许多研究《孙子兵法》的学者。

法国巴黎战略与冲突研究中心龙乐恒提出，2500多年前完成的战略著作《孙子兵法》对当代的政治与军事事务仍产生影响。法国战略研究基金会亚洲部主任瓦莱丽·尼凯翻译成最新法文版《孙子兵法》，法国国防研究基金会研究部主任莫里斯·普雷斯泰将军为该书写了详尽的导言，他指出孙子的战略思想和原则在当今具有世界意义。

法国战争学院、捷克军事院校、罗马尼亚国防大学、波兰国防大学等欧洲军事院校都把《孙子兵法》列为必修课和必读书。

波兰国防部部长助理、国防大学前校长帕采克少将介绍，在波兰，尤其是在国防大学，《孙子兵法》作为必读书目被推荐给所有的军校学员和培训人员。在学术课程中，也有不少是关于孙子的，孙子的思想成为国家战略和作战方法的指向标。2014年，中国军事科学院政委、中国孙子兵法研究会会长孙思敬上将访问波兰国防大学，为学校题词并作演讲，“我们的确为孙子的思想所折服”。

法国战争学院里的“孙子迷”

记者在巴黎戴高乐中国图书馆见到了一位法国战争学院的研究生，名叫亚纳·古德尔克，少校军衔，在军队20多年，熟读兵书，精通兵法，是一个地地道道的“孙子迷”。

亚纳·古德尔克在法国杂志上发表过一系列介绍孙子及中国兵法的文章，引起法国读者的关注；他研究世界各国军校研读《孙子兵法》、孙子谋略运用于全球军事领域的课题，为此，他已到访了10多个国家，与世界各国军校100多名学生保持联系，互相探讨孙子战略思想；最近几年，他正在做“孙子在法国”的系统研究，这个研究课题在法国还没人做过，尚属首次，他认为这是一件非常有意义的事。

法国战争学院的孙子迷

亚纳·古德尔克告诉记者，法国战争学院是培养高级军事指挥员的军事院校，与美国一些军校一样，他们学院也把孙子战略思想作为一个重要的教学内容。他研究“孙子在法国”，将其作为博士论文的题目。为了做好这个研究，他开始学习汉语，这样可以帮助他阅读《孙子兵法》的原文，更好地理解和掌握孙子的精髓。

其实，亚纳·古德尔克在

20多年前刚到军队时就学习《孙子兵法》，并对这部来自2500多年前中国的兵书产生了浓厚的兴趣。他有一个心愿，就是要将这部兵书介绍给更多的法国人。于是，他在写博士论文的同时，准备出版《孙子在法国》一书。他花了两年多时间，搜集整理《孙子兵法》传入法国并在法国传播和应用的资料，每天都要投入三至四个小时，而他却乐此不疲。

亚纳·古德尔克说，早在17世纪，法国传教士神奇地将《孙子兵法》包括中国的其他兵书传入法国。东方的兵学在西方产生了重大影响，这位法国神父功不可没。与西方洋洋洒洒的《战争论》相比，《孙子兵法》只是一本小书，但它的价值却高于《战争论》，被列为世界第一兵书，其深邃的军事哲学、经典的谋略思想，至今智慧不灭、光芒永存。

说着，亚纳·古德尔克拿出一本英国学者撰写的《孙子的和平思想》一书对记者说，二战是历史上死伤人数最多的战争，不符合孙子“上兵伐谋，其次伐交”的和平理念，特别是冷战时期，孙子的思想被越来越多的军事家所重视，我们要用孙子“不战而胜”的思想，不能再用毁灭性的战争手段。

亚纳·古德尔克又拿出厚厚一本样书对记者说，《孙子在法国》已写得差不多了，再做些修改补充就可以出版。这本书系统介绍《孙子兵法》在法国的传播和应用，还介绍法国各个版本的《孙子兵法》，具有史料性、系统性、实用性和可读性。

“这本书很有价值，不但是军事领域，各个领域都可以应用，我这本书主要是写给法国年轻人看的，不只是写给军人看，还可以给学术界和商界人士看。《孙子兵法》不仅军方要学，企业更要学。”亚纳·古德尔克说。

临别时，亚纳·古德尔克自信地对记者说，他相信《孙子在法国》这本书会受到法国人的重视和喜欢，因为这本书展示了东方智慧与西方的融合。法国在传播和应用孙子战略方面走在欧洲的前列，法国人从20世纪开始真正重视研究应用孙子思想，21世纪更加重视了，孙子思想对法国的经济发展和中西文化交融是相当有益的。

驻英大使率先向西方传播中国兵法

2012年2月9日，中国驻英国大使刘晓明应洛克院长的邀请访问英国国防大学联合指挥与参谋学院并作主旨演讲。刘大使曾在英国许多大学发表过演讲，包括牛津大学、剑桥大学、伦敦帝国理工学院等，而在英国军事院校作演讲还是首次，他也是率先向西方传播《孙子兵法》的中国驻外大使。

英国国防大学联合指挥与参谋学院是英国目前规模最大的军事院校，主要招收英三军校级军官及同级地方官员，是英军培养中高级联合作战指挥军官的摇篮，同时也为近50个国家培训校级军官，在世界各国军校中享有较高知名度。

刘大使率先在英国传播《孙子兵法》有着特别的意义。1905年第一个《孙子兵法》英译本在英国产生，从此《孙子兵法》得以在英语国家广为传播，并加快了这部兵法圣典在世界范围内的传播和应用；英国著名战略家李德·哈特又是用孙子思想对西方现代军事理论进行反思的第一人；英国牛津大学出版的《孙子兵法》成为全球畅销书，连续多年

中国驻英国大使刘晓明

雄踞亚马逊网上销售排行榜之首。

刘大使开宗明义："既然是在军事院校演讲，我不妨从中国古代的一部兵书谈起，这就是著名的《孙子兵法》。《孙子兵法》已有2500多年历史，被译成许多种语言，流传到世界各地，仅英文译本就有17种之多。虽然作为冷兵器时代的一部兵书，《孙子兵法》有些内容已经远离当今时代，但其许多战略、战术思想并未随历史褪色，仍熠熠生辉。"

"我发现，《孙子兵法》对今天中国外交、国防政策的形成亦有深刻影响。"刘大使向西方发出中国的声音：《孙子兵法》及中国古代的这些和平、不战思想，是今天中国和平发展道路的滥觞。

刘大使在演讲中说，《孙子兵法》开篇第一句话就是："兵者，国之大事，死生之地，存亡之道，不可不察也。"孙子还认为，"故上兵伐谋，其次伐交，其次伐兵，其下攻城"。可见，《孙子兵法》尽管是一部兵书，但其指导思想是"慎战"和"不战"。这与中国古代其他先哲的观点如出一辙，如老子和孟子都认为："兵者，凶器也。"

刘大使重申，今天的中国倡导互信、互利、平等、协作的新安全观，致力于和平解决国际争端和热点问题。他说，不久前，他在接受BBC"新闻之夜"节目采访时，主持人杰里米·帕克斯曼问他："美国为了推行民主不惜发动战争。中国想推行什么？"他当时就回答说："中国致力于构建和谐世界。"

在谈到与中国的和平外交政策相一致的防御性国防战略时，刘大使说，《孙子兵法》是一部兵书，是战争的艺术，那么战争的最高境界是什么？孙子认为是"百战百胜，非善之善者也；不战而屈人之兵，善之善者也"。孙子也提出："非危不战"，"无恃其不来，恃吾有以待之；无恃其不攻，恃吾有所不可攻也"。

刘大使坦言，只有具备制胜的力量，才能有效地遏制战争，这是古今中外历史告诉我们的真理。《孙子兵法》从根本上主张不战、慎战，但并不惧战、畏战。同样，我们讲积极防御，并不是软弱可欺，而是后发制人。后发即"人不犯我、我不犯人"，制人则是"人若犯我、我必犯人"。中国积极构建防御军事战略，以敢战、能战来达到"不战而屈人之兵"，以敢于"亮剑"而全力争取战争胜利，这是孙子兵法的精髓，也是当代中国的军魂。

在谈到如何进一步发展中欧、中英关系时，刘大使说要借用《孙子兵法》及中国古人的一些智慧。《孙子兵法》里有一句名言："知彼知己，百战不殆。"《孙子兵法》总共只有6074个字，其中"知"字是出现频率最多的一个字，共出现了79次。今天，中欧关系及中英关系是合作伙伴关系，不是竞争对手关系，要发展和深化这种伙伴关系，就要不断加深了解，增强信任，化解疑虑，消除担忧。

刘大使还讲述了《孙子兵法》里一个著名的故事：中国古时候吴国人与越国人不和，当他们同船渡河时，遇到大风，他们相互救援就像人的左右手一样。这个故事成了一句成语——同舟共济。

刘大使表示，认识《孙子兵法》这部古老的兵书，了解中国思想文化的源头，能为世界理解今天中国的和平发展道路增添一条途径，能为打消对中国的不必要担忧增加一些决心，能为积极开展与中国的交流合作增强一些动力。

《孙子兵法》在美国军事学院拥有很大影响力

美国著名战略学家、哈佛大学政府系教授江亿恩在《美国孙子研究》一文中披露，美国准将格里菲思、中国将军陶汉章、拉尔夫·索耶、安乐哲的《孙子兵法》译本，深受美国军事院校的欢迎，在美国海军学院、西点军校、武装力量参谋学院、美国军事学院等军队学术机构拥有很大的影响力。

据介绍，美国西点军校、印第安纳波利斯海军学院、科罗拉多空军学院、国防指挥参谋学院等著名军事院校的必修课程中，都列有《孙子兵法》。美军的最高学府国防大学，更是将其列为将官主修战略学的第一课，位于克劳塞维茨《战争论》之前。

正如美国国防大学校长劳伦斯中将所说，《孙子兵法》在美国军校中是作为教科书来学习的，在今天已成为美军作战原则的重要理论依据，对于美军战略思想和美军战役战术思想两个方面产生了巨大影响。

1984年，《孙子兵法》被美国国防大学正式列入课程体系。这一年，为了适应重新选拔培养高级军官为战略家的这种转变，国防大学军事战略系出版了883页的战略论文集，摘编成《军事战略艺术与实践》，此书从20世纪80年代中期到20世纪90年

美国西点军校营房

代早期，一直作为美国国防大学战略核心参考书。后来为“战略文丛”所取代，成为学生们核心战略课程中的必读书。

美国国防大学信息资源管理学院从20世纪90年代开始，每年举办“孙子与信息战争”征文比赛。“9·11”事件后，美军研究的重点转向了信息战领域。美国军校不仅把《孙子兵法》作为教科书来教授，而且在推进新军事变革中，美国国防大学还开办了“孙子兵法与信息战”论坛。

在西点军校，有两门研究孙子的课程。这两门课都是在历史系讲授的。一门课是“亚洲战争史”，孙子主要是作为考察古代中国战争情况的一种分析来源。第二门课程是“战争与战争理论”，这门课程有关孙子的部分也使用索耶的译本，系统分析了孙子作为全球军事理论体系中的一员。

在美国军队战争学院至少开设了三门课程向学生介绍孙子——高阶课程“中国军事”、“亚洲的区域安全”和“战略理论”是必修课，内容开始于克劳塞维茨对古代和当代军事理论的研究，接着转移到孙子、毛泽东和亚洲军事思想，计三个小时的课程。研究主题主要集中于核心概念，例如欺骗、迂回战法、作战行动速度、不战而屈人之兵。

在20世纪80年代和90年代，孙子是被作为海军军事学院战略核心课程中的一部分来教授的。在这门战略核心课程中，通常会在该学期安排专门一讲来研讨孙子，选择孙子作为代表性的战略家。该学院还开设了一门孙子军事思想选修课。这可能是美国军事专业教育系统的第一门专门研究《孙子兵法》的课程。

在所有的军事专业院校中，有关孙子的课程在美国海军陆战队战争学院中所扮演的角色是最重要的。1990年，指挥官阿尔弗雷德·格雷创立了一个研究所，孙子研究被纳入一门名为“战争、政策和战略”的必修课。

美国空军学院军事策略系给空军军官们开设了一门核心课程“制空权原则”，在这门课中介绍了《孙子兵法》。课程的第一部分考察了孙子、克劳塞维茨、若米尼、马汉和科贝特对战争理论的论述。空军学院另外一个教学单位制空研究学院开设了一门军事理论基础课，这门课程里也包含了对孙子和毛泽东的研究。

《孙子兵法》列为美国防大学战略学第一课

美军的最高学府国防大学将《孙子兵法》列为将官主修战略学的第一课，位于克劳塞维茨《战争论》之前。正如前美国国防大学校长理查德·劳伦斯中将于1986年在中国国防大学演讲时指出的，孙子的理论是他们确定美军作战原则的重要依据。美国国防大学教官高德温也说：“就这两位伟大军事家的不同之处而言，我认为，孙子的思想侧重于计谋和战略，克劳塞维茨则强调暴力。”

1984年，《孙子兵法》被美国国防大学正式列入课程体系。这一年，为了适应重新选拔培养高级军官为战略家的这种转变，美国国防大学军事战略系出版了883页的战略论文集，摘编成《军事战略艺术与实践》，此书从20世纪80年代中期到20世纪90年代早期，一直作为美国国防大学战略核心参考书。

该书共分为三个部分：战略思考、战略基本概念、战略实践，《孙子兵法》被列入此书的第二部分。尽管此书仅节选了《孙子兵法》的第一章，但它选的是美国准将塞缪尔·B. 格里菲思的译本，该译本在美国国防大学、海军学院、西点军校、武装力量参谋学院、军事学院等军队学术机构还是拥有很大的影响力的。

据了解，编写第二部分的目的是为了拓宽学生的战略视野，学会用不同的历史视角去看待战略。军事力量的政治目标是什么？在军事力量运用中关键的军事目标是什么？军事力量在战略上如何运用？萨姆·加德纳为这部分撰写了前言，简要介绍了《孙子兵法》与其他西方军事著作之间的不同点与相似点。

萨姆·加德纳分析指出，孙子和利德尔·哈特的军事目标是敌人的作战意图，而克劳塞维茨的目标是敌人的军事重镇。至于军事战略，每位作者都倾向于关注不同的战略方法，孙子强调迂回战术而不是直接的军事进攻。

美国国防大学战略学后来的教材包含了《孙子兵法》的全本十三篇。从1996年起，格里菲斯的译本为索耶的译本所取代，成为战略核心课程中孙子的主要译本。美国国防大学战略研究所所长约翰·柯林斯对孙子及十三篇作了高度评价：孙子是古代第一个形成战略思想的伟大人物，他写成了最早的名著《孙子兵法》。孙子十三篇可与历代名著包括2200年后克劳塞维茨的著作媲美。今天，没有一个人对战略的相互关系、应考虑的问题和所受的限制比他有更深刻的认识。他的大部分观点在我们的当前环境中仍然具有和当时同样重大的意义。

自20世纪80年代中期起，美国国防大学的学生在有关战略的核心课程研讨班专题讨论孙子，通过对英国著名战略家利德尔·哈特军事战略评论的阅读与研讨展开。在学员们看来，孙子的思想是通过利德尔·哈特首先介绍给现代西方战略家们的，他强烈反对20世纪早期克劳塞维茨对战争的观点。关于孙子的讨论很少聚焦于传统的主题“诡道”或“不战而屈人之兵”，更加关注的是控制战场的难点、灵活适应战略环境改变的需要以及指挥官与君主的关系。

而担任美国国防大学教官的厄尔曼博士则领悟“不战而屈人之兵”之精髓。他曾说：“我一直在思考像孙子所说的‘不战而屈人之兵’的战略。”1996年他与曾指挥第一次海湾战争的将军们共同研究，提出了“震慑”理论。“震慑”的目标是控制敌人的意志，“震”就是在瞬间使敌人的心理遭受创伤，“慑”就是让对方明白自己除了放弃抵抗已经没有什么别的选择了。“震慑”正是孙子“不战而屈人之兵”思想在现代战争中的新运用。

从20世纪90年代开始，美国国防大学信息资源管理学院每年举办“孙子与信息战争”征文比赛。比赛的目的是为了加强对什么是信息战争、理论与实践的含义、政府与私人工业之间的组织关系、国家信息体系的薄弱环节及其他主题的研究。到目前为止，征文比赛已经将获奖论文编成论文集《孙子与信息战争》。美国国防大学信息工程学院院长柯基斯少将在中国国防大学演讲时曾说：“美国的信息战理论，其基础观点就来自中国的《孙子兵法》。”

西点军校选址符合孙子军事地理思想

记者驱车80公里，从纽约州北部向南，穿过哈德逊峡谷，到达哈德逊河西岸。这块位于哈德逊河肘状的近50平方公里的三角岩石坡地上，就坐落着闻名于世的美国西点军校。该军校得天独厚的地理位置，在全世界军事院校中是罕见的。

哈德逊河又名赫逊河，是美国纽约州的大河，也是美国独立战争中一条具有重要战略地位的河道。该河全长507公里，由意大利探险家乔瓦尼·达韦拉扎诺于1524年发现，河流名称来源于英国探险家亨利·哈德逊。哈德逊河蜿蜒流向东南，至科林斯后折向东北流至哈德逊瀑布。由此径直向南流，注入上纽约湾。

位于哈德逊河西岸的西点军校，其独特的地理位置令人叫绝。当奔腾不息的激流奔入纽约湾时，河水受一块伸向河中的三角形岩石坡阻挡，突然折而向东，形成一个肘状的急弯。200年来西点军校就舒坦地躺在这急弯口，任凭风吹浪打，自岿然不动。

据研究西点军校历史的斯蒂温·格罗夫博士介绍，西点历来是兵家必争之地。这主要是哈德逊河在流经西点时程“S”状，且弯度很急，过往的大型船舶经此必须减速，来犯敌船则因减速而易受攻击。更主要的是河西岸的高地居高临下，占据之人可以控制所有河运。如果在此设立军事要塞，颇有“一夫当关，万夫莫开”之势。

西点军校所在的西点镇曾是美国独立战争中一个重要的军事要塞，也是整个美洲重要的战略地点。当时的大陆军司令乔治·华盛顿将军认为，西点是美国最具战略价值的一块阵地，是“打开美国的一把钥匙”。1778年，考斯俄茨科准将设计了堡垒的外形，在此建立抗英据点。1802年美国国会将其定为军事保留地。同年7月4日，美国独立纪念日这一天，美国

具有独特地理位置的美国西点军校

历史上的第一所军校西点军校在此宣告成立。

考斯俄茨科是开创西点历史的里程碑式的人物，他是一位波兰上校，是曾参加过美国独立战争中扭转战局的萨拉托加战役的战斗英雄。1778年，华盛顿邀请他来设计西点要塞，考斯俄茨科设计和建立了14个军事据点，外形呈堡垒状。

西点军校凭借居高临下的地理优势，控制了河道和防御水陆两栖进攻，各据点彼此呼应，相互支援，形成了一个即使今天看来仍极具科学性和前瞻性的防务体系。1828年，为了纪念这位波兰英雄，西点军校为其竖立了纪念雕像，考斯俄茨科目光炯炯地俯视着那逶迤而去的哈德逊河。

华盛顿本人曾在1779年把他的司令部搬至西点。实际上，西点要塞自1778年1月20日屯兵以来，是美国一直在使用的军事设施，它也是西点军校的一个重要组成部分。美国孙子研究学者认为，西点军校的独特地理位置，体现了华盛顿总统的战略防御思想，也符合《孙子兵法·地形篇》，蕴含了丰富的军事地理思想。

西点军校《孙子兵法》教学偏重比较研究

记者走进传说中带有神秘感的、令全世界军人都景仰的美国西点军校，但见哥特式古堡教学楼、山坡上的瞭望炮台、河口躺着的十几尊大炮、手持望远镜的巴顿将军塑像、艾森豪威尔的纪念铜像，还有穿着迷彩服列队走来的西点学员，白色教堂宣扬着博爱与和平。

在西点军校200多年的历史中，培养了众多的美国领袖和军事人才，出了包括两位总统和四位五星上将在内的3700名将军，成为世界一流的诞生将星的超级军校。校内的广场、道路、建筑物都是以美国历史上著名军事将领的名字命名的，如华盛顿大楼、塞耶大楼、格兰特大楼、艾森豪威尔大楼和雷兹广场等。

美国西点军校学员

讲解员是一位白发苍苍的戴副老花镜的美国老教授。据他介绍，独立战争胜利后，以开国元勋华盛顿为首的一批美国领导人和政治家意识到，必须建立一个军事院校，以培养为战争这门艺术服务的职业军官和军事技术人才。而《孙子兵法》在英文中被翻译成《战争的艺术》，与西点军校创办宗旨密切相关。

1966年，西点军校开始开设汉语课，包括基础汉语、中级汉语、汉语军事阅读、中国文明等。记者最感兴趣的是，西点军校是否学中国古代的军事名著《孙子兵法》。老教授没让我失望，他不光知道，而且还读过。他对孙子精髓的理解也很独特：中国孙子的伟大之处就是“用智慧打仗，用谈判尽量避免打仗，用实力让别国不敢打仗”。

在西点军校博物馆的书店里，记者看到林林总总的军事书籍，其中就有英文版《孙子兵法》。书店工作人员告诉记者，西点军校学员应该都知道《战争的艺术》这本书，许多人买过这本书。

实际上，长期以来，作为美国著名军事学府，西点军校不可能将中国《孙子兵法》作为核心指导教材，它以西方军事理论教育为核心，重点教授西方军事理论家的经典理论，而把《孙子兵法》作为东西方兵学比较研究的主要方向。西点军校研究《孙子兵法》是历史系的工作，孙子被用作一种对中国古代战争情况分析的来源。

当然，随着时代的发展，孙子的现代价值日益显现，《孙子兵法》也越来越被西方军事学院所重视。西点军校学员说，在学习军事理论和军事战略的时候，学员要学习中国的《孙子兵法》，也会学到毛泽东的游击战和人民战争的理论和实践。

美国著名战略学家江亿恩的《美国孙子研究》一文中介绍说，在西点，有两门研究孙子的课程。这两门课都是在历史系讲授的。一门课是“亚洲战争史”，孙子主要是作为考察古代中国战争情况的一种分析来源。这门课程使用的教材是拉尔夫·索耶的译本，与别的译本相比，这个译本提供了关于战国时期武器和战术的信息。可以说，《孙子兵法》并没有被看作是一本战争史书，而是被看作战争哲学。

这门课研究的主题是：孙子知道什么是胜利吗？换句话说，《孙子兵法》论述了取得胜利的许多方法，可书中为什么又有大量的关于军队和国家被打败的论述?这门课程更多强调的是中国与西方战争观念的相似性。

第二门课程是“战争与战争理论”。这门课程有关孙子的部分也使用索耶的译本,系统分析了孙子作为全球军事理论体系中的一员。课程的主题强调理论家对战争性质的认识,进攻与防御力量的比例,以及军事战斗中客观因素与主观因素的比例。

曾经出版了《石油战争》的美国著名作家威廉·恩道尔透露,若干年前,一位前美国军事战略和哲学教授、西点军校的毕业生对他说,西点军校的所有学员都需要深入掌握和熟知《孙子兵法》。他们从这位伟大的中国军事战略大师身上学到的最重要的格言是:“兵者,诡道也。”

教学区中心的西点军校图书馆,是美国第一个军队图书馆和第一个联邦图书馆。图书馆现有藏书60多万册,藏有《孙子兵法》等中国兵书。1946年该图书馆收到第一本《孙子兵法》,是由当时访问该校的前国民党将领康泽赠送的。2012年5月,中国国防部长梁光烈上将访问西点军校,向该图书馆赠送了200多本中国兵家文化图书。

在总计20种图书和光盘中,包括中英文版《孙子兵法》《孙子兵法·三十六计大全集》《孙子兵法新说》《鬼谷子汇解》《武经七书》《中国战典》《战争史笔记》等。梁光烈介绍,通过《孙子兵法》这些知名的中国古籍,可以了解中国古代战争理论。西点军校现任校长大卫·亨顿表示,西点军校也学习《孙子兵法》,中国代表团赠送的书籍将成为学校重要的研究资料。

《孙子兵法》贯穿美军作战指导思想之中

美国前步兵军官、《孙子和现代战争》一书的作者马克·麦克尼利说："这绝非一种巧合。《孙子兵法》是美国高级军校的必修书目，它甚至已被贯穿到美国陆军和海军陆战队的作战指导思想之中。"

据前西点军校教官爱德华·奥多德的调查研究，早在1921年美国陆军军事学院就将《孙子兵法》列入1921—1922年度的授课内容，因为到20世纪20年代，欧洲战略思想家如利德尔·哈特和J.F.C.富勒都已熟知孙子的著作了。《孙子兵法》的讲课提纲列为该校年度讲课内容的第37号指挥课程，授课提纲现存宾夕法尼亚州卡莱尔美国陆军军事学院图书馆。

自20世纪70年代末以来，美国在国防部官员和美军军官中举办了上千

西点军校展出的美国陆军图片

次《孙子兵法》讲座。美国陆战队指挥官凯利将军认为《孙子兵法》是所有机动战的基础。他将该书列为部队的年度读物，要求每个陆战队员必须阅读。在美国军队战争学院至少开设了三门课程向学生介绍孙子——高阶课程“中国军事”、“亚洲的区域安全”和“战略理论”必修课。

1982年8月20日，美国陆军颁布了新版《作战纲要》，取代1976年的旧版本，首次提出“空地一体战”理论，并把它称为“陆军的基本作战思想”。该理论提出的主动、纵深、灵敏和协调四项基本原则，都贯穿了孙子思想。参与制订《作战纲要》的前美驻华陆军武官白恩时上校曾撰文指出，空地一体战理论与《孙子兵法》有内在联系。在题为《〈孙子兵法〉对美国陆军空地一体战理论的影响》的文章中，白恩时说：“为了制定新的作战理论，在利文沃思堡基地司令部和参谋学院组织了一个由军官组成的短小精悍的班子。这个小组研究了克劳塞维茨、孙子和其他人的著作，以便创立一种适合于美国传统、当前国际环境和现有武器的新的理论。目标很简单，就是要在速战中以少胜多。所选定的方法被称之为空地一体战理论。”

由此可见，美军空地一体战理论基础之一是综合了《孙子兵法》与《战争论》的精华，融克氏的学说和孙子的原则于一体。这一理论反映了美军既侧重充分发挥其兵力兵器的技术物质优势，又强调善于运用智谋，速战速决，以较小的人员代价取得胜利的战略追求。

1983年，美国陆军军事学院编辑出版《军事战略》一书，该书汇集了古今名家学者的军事论文，是供军事院校用的一本重要的参考教材。书中第二章为《孙子兵法》的摘要，标题是“军事战略的演变——孙子的智慧”，文章开头用了利德尔·哈特高度评价《孙子兵法》的话，接着指出，“《孙子兵法》尽管成书于公元前五世纪，但该书论述战争的基本原理和原则，其思想至今犹有重大意义”。

1991年2月18日美国《洛杉矶时报》报道称，《孙子兵法》是在亚洲各军事学校长期受到尊重的读物，它的许多格言已引起美国部队的兴趣，并对美国陆战队的基本战术变革亦有贡献。1990年8月起，一本90页的英译《孙子兵法》已经运往沙特阿拉伯沙漠，供年轻的陆战队队员阅读。陆战队指挥官凯利将军已于当年将这本书列为年度读物，即每个陆战队队员都应该阅读。凯利认为《孙子兵法》是所有机动战的基础。

《孙子兵法》列入美国海军战略核心课程

位于芝加哥密歇根湖边的海军码头，曾经是世界上最大的码头，在第一次和第二次世界大战期间作为海军训练基地、使用基地及集会的广场。当时的美国海军司令部就设在不远处的芝加哥市区。芝加哥位于美国五大湖区密歇根湖的北部，密歇根湖通过河流与大西洋连接，军舰可以经由这些河流驶入大西洋。

美国著名战略学家江亿恩说，美国海军对孙子战略思想学习应用非常重视。1988年，美国海军陆战队司令艾弗瑞·戈雷下令，重新编写陆战队的作战手册，要求以孙子战略思想提出的快速机动为作战指导，把《孙子兵法》纳入海军陆战队的谋划韬略之中。戈雷还于1989年发布训令，将《孙子兵法》列为1990年海军陆战队军官首本必读军事书。

据原中国孙子兵法研究会会长姚有志将军介绍，当中国军方人士访问美国时，问及美军在海湾战争时是否将《孙子兵法》人手一册发给参战部队时，美国军方人士说：海军陆战队是人手一册。

美国太平洋舰队司令加里·拉夫黑德上将精通《孙子兵法》，在军方内部交流时，经常引用“不战而屈人之兵”等《孙子兵法》中的名言，反复强调“伐谋”、“伐交”、“知彼知己，百战不殆”，足见其深得孙子兵法“谋定而后动”的理性军事思维。

美国海军上校柏特逊说：“在遥远的中国，有两位将军，他们所有的关于战争的议论，都可以凝集在一本小册子里，不像克劳塞维茨那样写了九大巨册。这两位将军自足地写下了数量有限的箴言，每则箴言都具体表现了他们关于战争行为的信条和重要教义。这两位军事主宰者——孙子和吴子，他们无价的真理，已经长存了两千年。”

美国海军战争大学知名教授迈克尔·韩德尔努力协调东西方的两大

美国芝加哥海军基地

传统思想——克劳塞维茨理论和《孙子兵法》，他对两种理论做了许多说明和补充性的工作。他认为：孙子从大战略的角度来研究战争，而克劳塞维茨大多采用具体的战略来解决问题。虽然他尽了很大努力来挽救克劳塞维茨理论，但是韩德尔还是不情愿地被迫做出总结："孙子的理论在分析战略和战争上比克劳塞维茨理论更适合我们的时代。"

在20世纪80年代和90年代，《孙子兵法》是作为海军军事学院战略核心课程中的一部分来教授的。这门战略核心课程通常会在该学期安排专门一讲来研讨孙子，选择孙子作为代表性的战略家，与克劳塞维茨的核心观点进行比较，用历史还原的方法，考察在战国这个特殊的历史时期，孙子关于作战的一些观念是如何形成的，以此来使学员确信孙子的理论和实践中的谋略价值。

美国海军军事学院还开设了一门孙子军事思想选修课，这可能是美国军事专业教育系统的第一门专门研究《孙子兵法》的课程。课程主要分为三个部分：第一部分重点考察了著作的历史意义，以及它与现代战略观的关联性、与所发生的世界战争的关系以及亚洲战略的特殊性；第二部分讨论《孙子兵法》的写作方式，历史上对该著作的评论以及关于战争的内在关联、逻辑和原理；第三部分把孙子放在历史背景下，侧重分析从西周到战国时期的政治、战略、谋略和战争武器装备。

美国海军军事学院中未授衔的参谋人员也要求阅读《孙子兵法》，该书被列入初级院校为学生开列的推荐读物之中，并作为新任命海军中尉的训练课目，在候补军官学校也作为其课程中的一部分。

在所有的军事专业院校中，有关孙子的课程在美国海军陆战队战争学院中所扮演的角色是最重要的。1990年，指挥官阿尔弗雷德·格雷创立了一个研究所，孙子研究被纳入一门名为“战争、政策和战略”的必修课，中国将军陶汉章的英译本《孙子兵法》在课程中被使用，这是美国海军所独有的。在其著作的比较中，主要涉及指挥官、出奇制胜、胜利、战争，及政策、策略与智慧的应用等问题。

美国海军陆战队战争学院在指挥和参谋学院的函授课程中也涉及孙子战略，课程需要学生阅读美国准将格里菲斯和哈佛大学克利里的《孙子兵法》译本，特别强调政治与战争的关系、著作与现代高科技战争的关联，以及孙子与革命战争之间的关系。指挥与参谋学院的住校生也开设了类似的课程。

美国孙子研究学者表示，有关孙子的一系列译本在海军教育系统中一直在使用。在过去的10年里，美国海军对孙子的研究兴趣和热度并没有什么变化，一直在持续着。近年来，拉尔夫·索耶的《孙子兵法》译本比较受美国海军的欢迎，但是最新的讲稿在讨论孙子的“不战而屈人之兵”时，仍采用的是夏威夷大学哲学系教授安乐哲的《孙子兵法》译本。

美国空军用孙子指导“制空权原则”

BBC在一篇报道中引用了一位美军顾问汤姆·斯托瓦尔的观点，他常获邀前往美国空军指挥和参谋学院，定期讲授《孙子兵法》。

美国空军学院军事策略系给空军军官们开设了一门核心课程“制空权原则”，在这门课中介绍了《孙子兵法》。课程的第一部分考察了孙子、克劳塞维茨、若米尼、马汉和科贝特对战争理论的论述。空军学院另外一个教学单位制空研究学院开设了一门军事理论基础课，这门课程里也包含了对孙子和毛泽东兵法的研究。

在这门课程里，对孙子的研究也是选用拉尔夫·索耶的《孙子兵法》译本，按照战争理论提出年代的顺序来进行讲授，以孙子为开端。对孙子的研究有一个专题，在关于“欺骗”在战争中的作用的专题里再次提到了孙子，作为毛泽东革命战争理论的思想渊源。

有学者认为，作为目前世界上最为现代化的空中力量的美国空军，其中一些原则与《孙子兵法》的作战指导思想有异曲同工之妙。在长期的作战实践中，美国空军提出了突然袭击、速战速决等一系列作战指导原则，这些原则在一定程度上反映了《孙子兵法》的一些思想。

孙子认为：“知彼知己，胜乃不殆；知天知地，胜乃不穷。”美国空军一直把信息作战、情报与空间资源看作是未来建设的核心。作战中，美国空军历来重视战场侦察和情报收集，而且注重利用多种手段收集情报，追求战场的单向透明。美国军事史学家詹姆斯·邓尼根认为，空中作战行动的核心是搜集情报，过去如此，现在仍然如此。

美军对孙子“兵贵胜，不贵久”思想的认识发端于越战后美军改革期间。美军指出，在未来战争中，美空军能否迅速取胜和减少伤亡是衡量美空军作战行动是否成功的一个重要标准。美空军主要通过两个途径实现

美国空军指挥和参谋学院定期讲授《孙子兵法》

速战速决：其一是精选目标，其二是精确打击。

突然性是航空航天部队的最大优势。美国空军认为，在战争中先发制人、发动突然袭击是夺取战场主动权、加速战争进程的有效手段，是夺取空中作战胜利的一个重要因素。航空航天力量出敌不意地实施攻击，可造成敌方措手不及，破坏其整体行动计划，夺取并掌握主动权，以相等甚至比较少的兵力，在短期内以最小的代价赢得战斗、战役和整个战争的胜利。

《孙子兵法·兵势篇》中提出了“奇正”的灵活作战思想：“凡战者，以正合，以奇胜。”美国空军也学习了这种灵活作战思想。最著名的是“左勾拳”行动，以第7军为主力，第18空降军配合。后者直插伊拉克纵深，切断科威特战区伊军与后方的联系；第7军在其东侧平行北进，然后向东进攻，歼灭伊拉克共和国卫队。联军部队“攻其无备”，长驱直入，进展神速，伊军土崩瓦解，不到五天战争即告结束。

孙子所说的“避其锐气，击其惰归”之法在空中战役的中后期也被美国空军采用。从“沙漠风暴”行动的第三周起美空军攻击重点转向科威特战区，与此同时对伊军展开心理战。美直升机通过广播和散发传单，号召伊军投降，并告诫他们远离他们的武器装备，因为这些武器装备正是联军空袭的目标。

孙子语录、警句、格言在美军中广泛流行

“知彼知己，百战百胜”、“上兵伐谋”、“不战而屈人之兵”、“攻其不备、出敌不意”，中国2500多年前孙子的语录、警句和格言，在美军中广泛流行，有的成为美军高层的座右铭。

在美伊战争中担任总指挥官的美军中央指挥部司令弗兰克斯上将，以闪电般的作战在出人意料的短期内攻陷伊拉克首都巴格达而声名大噪，这位军事将领的座右铭是孙子的“知彼知己，百战不殆”。

美国陆军作战学院发言人霍松曾对参观学院的中外记者说，中国古代战略家孙子在2500多年前所著的《孙子兵法》，现在是该院的必修课。他说《孙子兵法》简明扼要，好记好学，充满哲理，孙子是学员们最喜欢的战略学之一，他当场背诵了“知彼知己，百战不殆”等名句。

据介绍，美军各军种基本上每年都要向军官们推荐读书书目，《孙子兵法》几乎总是作为必读书列入其中。受孙子语录、警句、格言的启发，美国人提出了许多创新性的军事理论。

美军的作战条令和重要文件经常引用孙子格言。在20世纪80年代初，美军提出的《空地一体战》作战纲要中，共引用了19条军事名言和警句，其中大多数摘自《孙子兵法》。该理论中提出的主动、纵深、灵敏、协同四个作战原则，也都与孙子所倡导的“致人而不致于人”、

孙子语录、警句、格言在美国军事院校广泛流行

"兵之情主速"等思想不谋而合。

美国著名战略理论家、美国国防大学校长理查德·劳伦斯中将在阐述"空地一体战—纵深进攻"时，认为这一作战原则所根据的原理是《孙子兵法》的"奇正之变"和"避实击虚"。

从1982年开始，《孙子兵法》经常出现在美国的军事学术文献中。美军在作战条令和国防部重要文件中引用孙子格言的做法，几乎成为固定格式沿用至今。美军陆军新版《作战纲要》更是开宗明义地将孙子的"攻其不备、出敌不意"一些名言，作为其基本作战思想理论和主要方法的要则。

美军参谋长联席会议主席维西在1985年访问中国军事学院即席演讲中说："美国军事理论吸收了许多国家的优秀遗产，其中有公元前400多年中国早期的孙子兵法。"1986年，美国国防大学校长劳伦斯访问中国国防大学时的讲话中，一再援引孙子。

2002年10月，美国第三装甲骑兵团制作了一套有关伊拉克情况的幻灯片，幻灯片的首页只有一句话——"知己知彼，百战不殆"。这句简短的话是对美国60多年来学习《孙子兵法》的精辟总结。

2003年伊拉克战争中，美军以直接攻击对方指挥中枢甚至指挥者本人的"震慑"行动开始，而"震慑"理论是曾任美国国防大学教官厄尔曼博士参考《孙子兵法》警句创造的。厄尔曼说："我一直在思考像孙子所说的那种'不战而屈人之兵'的战略。"在此基础上，他同他的美国同行提出了"震慑"战略。

美国国防小组委员会主席奥迪恩的报告中引用了一些传统的格言，其中包括中国古代著名军事思想家孙子的名言。奥迪恩说："我不是军事历史学家，但我有不少朋友是，他们经常引用孙子的格言。我认为，孙子所说的一些基本原理和思想在今天仍具有非常现实的意义。"

近年来，美军在颁发的《2010年联合构想》《未来联合作战概念》等作战条令，及美国国防部《四年防务审查报告》和国会国防小组委员会对该报告的审查报告《国防的转变——21世纪的国家安全》中，都引用了许多孙子的格言。

哈萨克斯坦国防大学开设孙子战争学

哈萨克斯坦国防大学校长阿斯哈特·瑞四帕耶夫少将介绍说，作为哈萨克斯坦最高军事学府的国防大学，十分重视《孙子兵法》的教学研究，孙子的战争学说成为哈萨克斯坦军官研究战争艺术问题方面必须学习的思想。哈萨克斯坦国防大学设有中国人民解放军战争艺术研究室，在大学图书馆中也有专门介绍中国兵家文化的书籍。

哈萨克斯坦国防大学承担训练和培养军官的任务。阿斯哈特少将说，作为校长，他想指出孙子在有关培养将才方面的重要性，比如成为将帅之才所必需的诸如“智、信、仁、严、勇”，孙子对于这“为将五德”的论述，以及其领导军队和率领将士的艺术，都为哈萨克斯坦军官们所认同。

哈萨克斯坦国防大学校长阿斯哈特少将

据报道，哈萨克斯坦总理卡里姆·马西莫夫对中国颇有研究，他感兴趣的话题有中国哲学、古诗和武术。他聊天时喜欢引经据典，并且对《孙子兵法》非常热衷。孙子所创导的慎战、非战、和平外交思想，也为哈萨克斯坦政府所绝对遵循。

哈萨克斯坦的民族英雄莫梅什将军在自己的著作《战争心理》《指挥员日记》以及其他作品中也有过对孙子的思想论

述。莫梅什将军的战斗经历也为古巴、以色列、尼加拉瓜、保加利亚等国的军校军官所学习，其中包含孙子的战争艺术。

在军事交流方面，中哈双方已经在北京、洛阳和休钦斯克等城市进行了一系列的双边会晤，中国军事科学院与哈萨克斯坦国防大学的研究人员都有参加，哈方在哈萨克斯坦国防大学与中国武官会面。哈萨克斯坦国防大学校长阿斯哈特少将还出席了2014年中国孙子兵法研究会在青岛举办的孙子兵法与和平合作发展研讨会，并作了《孙子的思想学说及其现实意义》的演讲。

阿斯哈特少将认为，当前该国防大学学员需要研究、学习、分析和宣传军事艺术的源头，旨在继承和弘扬《孙子兵法》这样的兵学经典。他提议，在中哈两国军事艺术的相连性的推动下，继续推进中国人民解放军军事院校和哈萨克斯坦国防大学的协作交流。

非洲高级军事指挥官着迷《孙子兵法》谋略

中国孙子兵法研究会副会长、原南京陆军指挥学院副院长柴宇球介绍说，该学院开设的两门主课《孙子兵法》与毛泽东战略战术，深受非洲学员的喜爱，《孙子兵法》课程竟然增加了三天的课时，介绍经典的孙子战略战术。

南京陆军指挥学院是国内外知名的军事学院，每年都会有大量的外国军事指挥官到此学习。该学院培养的外国学员中已经有5人当了国家总统，1人担任总理，9人担任国防部长，1人担任总参谋长，100多人担任各军兵种或战区司令。其中刚果（金）总统卡比拉、科摩罗总统阿扎利和一大批非洲高级军官都在该学院学过《孙子兵法》。

柴宇球对记者说，多数非洲学员在来中国之前，就对《孙子兵法》这一世界军事文化瑰宝十分向往。非洲学员中没有不知道《孙子兵法》的，当排长、连长的都知道，他们都说孙子厉害。他们一到学院，除了看发的孙子教材、教案外，都买英文版《孙子兵法》，有空就看，非常痴迷。

2005年，在《孙子兵法》和《孙膑兵法》竹简出土地——山东省临沂市银雀山汉墓竹简博物馆，在南京陆军指挥学院培训的非洲高级军事指挥官聚精会神地听讲，争先恐后地购书，想方设法收集资料，他们对《孙子兵法》表现出极大的兴趣。

非洲高级军事指挥官一进入博物馆就不约而同地发出了惊叹："我去过20多个国家学习，涉猎过各种军事理论和战例，但以《孙子兵法》为代表的东方军事思想最令我着迷。""中国人太有智慧了，我非常喜欢《孙子兵法》。"

刚果少校约瑟夫用自己的DV拍摄了博物馆里有关《孙子兵法》竹简展品的中英文版本。"我很仰慕孙子，他是一个相当睿智的人。"约瑟夫说。《孙子兵法》已经在非洲的很多国家翻译出版，并有了很多的读者和实践者。

非洲高级军事指挥官着迷于孙子谋略

“我在美国西点军校学习时，《孙子兵法》已经成为所培训军官必读的书。”来自塞内加尔的军官桑布认为，《孙子兵法》虽然已经诞生了2500多年，但并没有受到时间和空间的限制，是一部触及人类本质和战争本质的箴言。

问起这些身着迷彩服的非洲军官们最喜欢哪门课，10个人中有9个告诉记者，是被称为“战争的艺术”的《孙子兵法》，但它的主旨思想还是和平。利比亚勒马丹上校说：“在国内也听说过孙武和这本书，到了中国我才有机会听老师讲解它。”突尼斯少校哈姆兹表示：“我以前接受的全是西方的军事思想，对中国不够了解，如今我知道了中国奉行的是积极防御的国防政策，运用了《孙子兵法》。”

乌干达少校丁吉拉原以为产生《孙子兵法》的国家肯定是一个好战的国家。当他第一次走进学院，面对教学大楼大厅里的“和”字匾，当第一堂课从“止戈为武”的成语说起，他的看法完全变了：一个有着无限军事智慧的民族，竟然把“和”字用200多种不同字体镌刻！一个孕育了《孙子兵法》这种兵法经典的国度，讨论战争竟然从“止战”开始！

毕业论文开题会上，丁吉拉以《和平视野下的非洲安全战略研究》为题，详细分析了非洲的安全局势，用大量篇幅构设了“和平战略”下相关地域的美好图景。回国后，丁吉拉在本国军事杂志《独立日》上发表文章，在乌干达军队引起了不小的轰动。他在文章中写道：“南京陆军指挥学院是谋略之都、智慧之城，到那里学习，就是如虎添翼。”

非洲军官踏访《孙子兵法》诞生地苏州穹窿山

《孙子兵法》诞生地苏州穹窿山是国防大学外训系教学基地。据孙武书院工作人员介绍，2006年，来自非洲近10个国家的20名中青年军官，兴致勃勃地来此参观了充满神秘色彩的茅蓬坞、孙武苑、兵圣堂，亲身感受孙武思想和《孙子兵法》的精髓。

来自刚果（布）的欧库昂贝少校手拂着《孙子兵法》竹简，有模有样地学起了孙武，煞有当年孙武运筹帷幄的雄风。在孙武的卧室内，放有他当年休息的床榻，很多非洲军官站在床榻前摸一摸、坐一坐，似乎在感受兵圣的隐居生活。

走出孙武隐居地，登上十几阶台阶就到了兵圣堂。首先映入眼帘的便是上等红木制的屏风，上面镌刻了《孙子兵法》十三篇。非洲的军官们虽然看不懂中国文字，但是仍然围在屏风前很虔诚地听翻译解读。

参观中，他们还与苏州市孙武子研究会成员进行交流。有的问："《孙子兵法》与德国克劳塞维茨的《战争论》有什么不同地方？"有的问："孙武为什么要训练宫女？""孙武的墓在哪里？""孙武后人是否能找到？现在何处？"等等，对孙武其人其事表现出浓厚的兴趣。

非洲军官踏访《孙子兵法》诞生地苏州穹窿山

来自乍得的诺·塔穆尔·阿尔吉德耶准将在讲话中说："我们非常高兴来到孙武苑参观，刚才又听了介绍，我们了解了孙子的生平及事迹。我们到中国来参加研究班培训，接下来的课程就是要学习《孙子兵法》。通过今天的参观座谈，我们已经开始了学习，感到很高兴。”

埃及的少校说：“军人的天职就是要重视发展军事力量，维护国家的安全，实现世界和平。这不仅要重视赢得战争的胜利，而且必须十分注重遏止战争的爆发，孙子极力倡导‘不战而屈人之兵’，充分体现了一种和平主义思想，对以和平与发展为主题的当今世界具有一定的指导意义。”

来自津巴布韦的少校说：“今天能有幸参观‘兵圣’当年生活的地方，是一件终生难忘的事情。孙子兵法是全世界的财富。”他表示要为传播孙子思想做出自己的努力，把孙子的思想带到自己的祖国，让更多的人了解孙子的思想。

按照国防大学的教务要求，每一位前来参观的非洲军官都要写一篇游览孙武苑的观后感。来自喀麦隆的于姆上校说：“我很早就知道《孙子兵法》，此次穹窿山之行，是希望通过实地考察更深刻地理解《孙子兵法》的精髓。”

纳米比亚中校马丁用自己的DV机记录了穹窿山之行，并拍摄了《孙子兵法》碑廊院内的中、英译文。他很高兴地告诉记者，在纳米比亚的民族解放战争中，当时的领导人就从《孙子兵法》中得到了启示和帮助，从而赢得了胜利。

2009年，尼日利亚空军上校奥祝迪、肯尼亚中校托马斯和摩洛哥少校苏雷拉参观考察了《孙子兵法》诞生地穹窿山，交流各自国家学习、传播、运用《孙子兵法》和孙子思想的情况。前来参观考察的非洲军官们居然个个都能全文熟背《孙子兵法》十三篇，对《孙子兵法》十分崇拜，他们还非常关注《孙子兵法》在军事领域之外的运用与传播。

非洲高级军官论《孙子兵法》与现代战争

2012年10月29日，中国国防大学防务学院学术报告厅里举行“《孙子兵法》与现代战争研讨会”。来自51个国家近100名高级军官和政府防务官员，以“《孙子兵法》在现代战争中的运用”为主题，围绕《孙子兵法》与现代战争理论、战争指导、战争准备与战争后勤等问题展开研讨，其中来自非洲学员的主旨发言引人关注。

参加研讨的非洲军官普遍表示，《孙子兵法》从战争全局的高度，揭示了战争问题的一般规律，提出了具有长久生命力的战争指导原则，形成了较系统的理论体系，体现了中国古代军事战略思想的最高成就，是人类军事文化宝库中的经典篇章。

非洲高级军官论述了《孙子兵法》谋略思想对现代战争的启示。利比亚电子战学校校长穆罕默德上校等军官认为，虽然《孙子兵法》诞生于2500多年前，但其基本思想对现代战争理论仍具有深远的影响，孙子“不战而屈人之兵”思想是战争指导的最高境界，是超越军事（战争）领域的大战略。

在谈到《孙子兵法》战略思想对现代战争的借鉴价值时，尼日利亚武装力量驻英副武官奥拉达约·埃马欧上校等军官指出，孙子高度强调战前准备的重要性，认为胜利几乎总是属于做好准备的一方。现代战争准备不仅包括基于对敌方部署的了解做好作战计划，还包括己方部队随时做好作战准备。“知己知彼”是孙子关于战争准备最经典的观点，也是各级军队指挥员应该考虑的首要问题。

南非海军总部参谋沃克海军中校认为，孙子高度重视经济基础对战争胜负和国家安全的影响，提出“地生度，度生量，量生数，数生称，称生胜”、“日费千金，然后十万之师举矣”的重要思想。这些思想，强调合理确定战争目标，准确把握物质基础，并且实施有效准备，能动地将战争潜力转化为战争胜势。一些非洲高级军官认为，战争决胜负，战争准备也能够决胜负。

加纳陆军作战部长桑普逊上校等军官说，《孙子兵法》用较大篇幅论述了后勤工作，以此说明后勤的重要性，并强调如果没有充足的资源支撑战争，就不要发动战争。孙子还谈到，战争筹划中的“庙算”，包括重点考虑维持部队供给所需要的资源。孙子还指出，出于后勤保障因素，要谨防持久作战，尤其是远距离持久作战，要“速胜”，力避后勤失利而导致战争久拖不决，要吸收如越南战争、伊拉克战争、阿富汗战争等战争中的深刻教训。

非洲高级军官十分赞成孙子的孙子“慎战”思想。孙子说“非利不动，非得不用，非危不战”、“亡国不可以复存，死者不可以复生”，这都警示战争决策者对发动战争要慎之又慎。二战以来，朝鲜战争、阿以冲突、两伊战争、印巴战争、越南战争、阿富汗战争、伊拉克战争等等，其战争的发起者要么以失败告终，要么事与愿违，引起更大的冲突和反弹，遗留的矛盾争端至今难以消解。

多数非洲军官在交流讨论中强调指出，要学好用好《孙子兵法》这本兵典，就要自觉结合现实军事实践，勇于面对和回答现代战争中的新问题，以此达到古为今用的目的。在未来战争中，《孙子兵法》的谋略思想必将焕发新的光辉，但关键是要结合本国国情和军情加以灵活运用。

非洲高级军官论《孙子兵法》与现代战争

非洲高级军官最喜欢的课程是《孙子兵法》

“在国防大学防务学院，非洲学员最喜欢的课程是《孙子兵法》，最爱参观的地方是《孙子兵法》诞生地苏州穹窿山。”国防大学防务学院教译室主任徐国平大校在接受记者采访时透露，该学院已连续四次组织非洲军官赴穹窿山考察，明年四月还要组织去，让非洲学员感受中国兵学圣山的神奇。

徐国平为国防大学教授，《孙子兵法》研究专家，著有《孙子兵法亚美尼亚文中文对照本》《国防战略》《战略决策概论》《世界各国军事实力》等专著，从事《孙子兵法》研究和教学已有20多个年头。

国防大学防务学院教译室主任徐国平

他向记者介绍说，国防大学防务学院为五大洲130多个国家培训了3000多名学员，有不少学员回国后担任军队总部各军种和兵种的上将、中将、少将和准将，有的还当上总统。如刚果（金）总统约瑟夫·卡比拉曾于1998年在该学院学习，当时他是刚果（金）的副总参谋长，只有27岁，很年轻，系统学过《孙子兵法》和毛泽东军事思想。

徐国平说，国防大学防务学院在教学内容上突出中国文化，突出中国和平发展理念，突出中国的安全战略、军事战略和作战理论，诸如《孙子兵法》、毛泽东军事思想。《孙子兵法》作为军事培训的重要课程，重点讲授成书的时代背景、作者介绍，注重原文学习，结合实例分析，孙子十三篇每篇都有重点、系统地讲述，然后将其作为军事思想体系串起来，开展应用教学。

在防务学院，非洲学员可以追问：中国古代兵书《孙子兵法》在信息化条件下的现代战争中，还有其现实指导意义吗？有趣的是，这些来自非洲的高级军官常常把《孙子兵法》和克劳塞维茨的《战争论》相比较，共同探讨被誉为东西方兵学宝库中两朵奇葩的军事巨著所蕴藏的文化异同。

摩尔多瓦国防部军事政治处处长维克多曾在这所军事院校深造过。他说："在国内也听说过孙子这个人和这本书，到了中国我才有机会听老师讲解它，这本书不仅在军事的战略战术上有现实意义，在政治、外交及经济上也是如此。"听了六周的课之后，维克多还写了一篇关于《孙子兵法》的论文。

在《孙子兵法》教学中，该学院围绕孙子与现代战争进行讨论，举办大型研讨会，请中国军内外知名孙子研究专家学者专题讲孙子兵法的应用。有的非洲军官中学时代就听说过有关孙子、毛泽东的一些文章，对中国的兵法很感兴趣，积极性非常高，每次《孙子兵法》课程结束，都意犹未尽，提出要增加授课时间。徐国平说。

徐国平告诉记者，非洲学员普遍反映，学习《孙子兵法》后收获也很大，理论学习结合了现实应用，这对军事理论知识的扩展很有帮助，对今后回国任职也有很大帮助。

徐国平表示，我们把《孙子兵法》作为传播中国兵家文化、宣传中国和平发展理念的载体，让外军学员能够理解、认同和接受。正如刚果约瑟夫少校所说："我很仰慕孙武，他是一个相当睿智的人。《孙子兵法》在我们那里被称为'战争的艺术'，但实际上，他的主旨思想是和平。"不少非洲学员回国后，还到孔子学院讲授《孙子兵法》，宣传孙子的和平思想。

非洲军官用当代战例解读“知彼知己”

“战争拥有2000多年的历史，只要我们充分地从中吸取经验，就必定攻无不克，战无不胜。”这是阿拉伯的劳伦斯的一句名言，它指出了军事思想在战争史上的重要地位，其中《孙子兵法》作为最著名的军事思想著作之一，包含十三篇的内容。非洲塞内加尔中校法耶说，这本有关战争规律和谋略的专著成书于2500多年前，研究了战争指导的各个方面以及决定战争胜负的各种因素。

法耶中校认为，从中世纪到当代，从1945年至今，时代发生了巨变。由于科学技术的飞速发展，武器装备的性能不断优化，导致了战争指导原则的演变，甚至引发了一场军事领域的变革。在这样的背景下，《孙子兵法》

非洲军官参加《孙子兵法》研讨会

仍然被用作当代指导战争的宝典。这是因为《孙子兵法》几乎涵盖了军事理论科学的所有学科和专业，仍然具有很强的现实性，其中的许多观点都建立在战争的客观规律基础之上。

《孙子兵法》十三篇中，有关战争指导方面最基本的原则有知彼知己、战争筹划、争取先机之利、不战而屈人之兵、速胜与全胜。而“知彼知己，百战不殆”这句千古名言，更得到大量名人、伟人的推崇。法耶中校将其理解为：知彼知己，对于敌人，应评估其潜力、数量、使用的方法以及战争手段；对于自己，要了解首领的能力、部队的训练水平和法律。

法耶中校运用当代的三个战例，来说明孙子“知彼知己”在现代战争中的运用。第一个战例是朝鲜战争。在发动进攻前，朝鲜对形势进行了详细的评估，而美国未能预料到中国加入这场冲突的可能性。在朝鲜的请求下，中国人民志愿军加入了朝鲜战争，对美军的后方发动了一系列的进攻，造成了美军的大量伤亡。

第二个战例是越南战争。从越南一方来看，越南军队经受了长期的战争锻炼，熟悉地形，而且拥有来自越南人民和国际社会的道义支持，因为对他们来说，这是一场侵略战争；从美国一方来看，这是一场非正义的战争，美国军队既没有本国人民也没有国际社会的支持。

第三个案例是海湾战争。伊拉克并未正确掌握美国与科威特联合的态度，伊拉克坚信盟军的进攻会从海上开始。事实上，盟军通过空袭摧毁了伊拉克的潜力之后，立刻发动了地面进攻。最后，盟军从伊拉克的南部重新夺回了科威特。

通过分析以上具体的战例，法耶中校得出结论：《孙子兵法》的战争指导原则是适用于现代战争的。《孙子兵法》是以战争的客观规律为依据的，直至今天，它依然有很高的科学价值和现实意义。在战争指导中，正确地运用《孙子兵法》中的某些基本原则，对最终获胜起着决定性的作用。

法耶中校同时指出，随着国际环境的不断变化和科学技术的创新，在现代战争中，严格地运用某些原则也会导致一些不足。只有确保将这些原则适用于当前的具体条件，《孙子兵法》才会世代流传。

非洲加蓬中校“说道论将”赞孙武

非洲加蓬中校克里斯蒂安说，虽然《孙子兵法》成书于2500多年前，但是其关于战争准备的原则和观点在当今时代仍然适用。如今很多军队和地方领导人仍在学习和运用孙子的原则，很多军队和地方院校也把该书作为学习内容。

克里斯蒂安认为，《孙子兵法》是一部具有悠久历史的著作，他所阐述的原则可以指导军事将领进行战争准备和作战。通过阅读该书，他认识到战争准备在整个军事行动中占有异常重要的作用，其论述主要体现在五个要素，也是战争制胜的关键，即“道、天、地、将、法”，而“道”和“将”是五个要素中关键的关键。

孙子所说的“道”，就是指人民是否与君主同心，是否支持君主的意愿。如果得不到人民的支持和拥护，那么战争必然失败。要想使战争具有合理性并得到人民的拥护，不惜牺牲自我，那么，这场战争要成为一件充满正义和荣誉的事情。因此，孙子认为要注重“道”的地位和作用，目的是最大限度地争取百姓的同情，得到士兵和百姓的共同支持，所谓“得道多助，失道寡助”。

“道”在现代战争中仍然适用。克里斯蒂安举例说，我们通过淮海战役和利比亚战争的对比可以看出“道”的作用。1949年1月的淮海战役中，中国人民解放军以55万兵力战胜80万的国民党军队，原因就是中国共产党得到了广大人民的广泛支持，支援民兵人数达上百万人，他们为共产党军队提供了有力的后勤保障，这就是运用“道”的效果。而在2011年10月23日爆发的利比亚战争中，卡扎菲政权失败的主要原因之一就是没有得到人民的支持。

克里斯蒂安说，孙子所说的“将”，是指将领要有智慧、忠诚、仁慈、勇

非洲军官参观孙武苑

气和严厉等特质。战争中人的作用不可小视。人是战争双方进行交战的媒介。战争中，不同的群体在各自的指挥机构下听命行事，因此可以说战争的胜负很大程度上取决于指挥员的素质，指挥员肩负着重要的使命，他需要综合运用各种因素将战争推向胜利。

孙子指出，要在战争准备阶段对将领进行精心的选拔。领导的职位应该赋予那些具有远见卓识、善于指挥的人。军事将领要有准备战争和指挥战争取得胜利的能力。然而，仅仅遵循作战基本原则是不够的，还需要指挥员具有特殊的人格魅力来影响各级官兵。因此，在战争准备阶段，军事将领的选任是一个十分关键的环节，它关系到战争的胜负，还关系到战争中官兵的士气。

克里斯蒂安在谈到“将”在现代战争中的运用时，仍然列举了中国的例子。1934年中国红军因为选择了毛泽东而扭转了局势，转败为胜；1946年蒋介石挑起内战之后，毛泽东、朱德、周恩来领导中国人民解放军积极防御，并集中优势兵力逐个摧毁敌人；1947年，中国人民解放军改变了战术，由防御转为进攻，在以毛泽东为代表的党中央领导下，经过了三大战役和渡江战役，彻底战胜了国民党。这些著名战例充分体现了军事将领的重要作用。

与之相反，美国军队在1951年朝鲜战争中的失利，可以部分归咎于麦克阿瑟将军的指挥不力。由于他在战争中犯下了冒险主义错误，将军队分散化，因此被杜鲁门总统撤职回国。

克里斯蒂安的结论是：《孙子兵法》关于战争概念的阐述彻底改变了人们对战争准备的认识。在孙子看来，战争之事，关系重大，因此充分的战争准备十分重要，在现代战争准备中“道”和“将”仍然发挥着核心作用。

智利军人把《孙子兵法》视为潮流

智利瓦尔帕莱索是南美洲太平洋东岸重要的海港城市，也是智利海军司令部的所在地。19世纪下半叶，作为往返于大西洋和太平洋船只（穿越麦哲伦海峡）的补给港，瓦尔帕莱索的地理位置有着重要的意义。在海军司令部正对面的索托马约尔广场，矗立着海军战士纪念碑，纪念碑顶为“海军第一英雄”阿图罗·普拉特塑像。

一位英俊的智利海军军官在与记者交谈《孙子兵法》时，对这部兵书一点没有感到陌生，孙子许多警句都能脱口而出，令记者颇感惊讶。他说这是因为他们在军校学习期间都上过这门“战争的艺术”课，有些对该书有兴趣的人还往往自己买书来研读。在智利书店，西班牙版本的《孙子兵法》很多也很全，军校生和军官几乎都买过，大家把学中国的孙子视为一种潮流。

“智利海军对《孙子兵法》都很熟悉，研究得也很深。”这位海军军官告诉记者，智利海军战争学院开设的军事理论课，在介绍马基雅维里、克劳塞维茨、毛奇、马汉、科贝特、杜黑等世界著名军事理论家的思想观点时，教授们把中国的孙子作为战略学鼻祖首先要介绍给学生。智利一位海军战略研究中心的主任，在学校的毕业论文就是结合智利战例谈孙子的谋略思想，写了论文后对孙子的军事谋略认识更深刻了。

据在南美军事院校授课的中国军事科学院战略部研究员博士生导师刘庆介绍，目前对孙子研究较为深入的是在智利海军战争学院和瓦尔帕莱索数家地方大学授课的图壁教授，他从军事力量与社会的角度讲授战略思想，分析人的行为和社会行为在武装冲突上的体现，其中《孙子兵法》是重要内容之一。还有一位是智利空军战争学院的凯尔德隆教授，他曾经在中国国防大学学习过，对《孙子兵法》《三十六计》等很有兴趣，现在正着手编辑一部《孙子兵法》教材，准备把质量较好的西文译本收入并附入相关的注释、资料做参考。

刘庆在智利讲课时，专门请智利空军战争学院的凯尔德隆教授提供了许多反映军事斗争谋略的南美战争战例作为孙子观点的佐证。在圣地亚哥大学演讲时不仅班里的学员赶来听课，智利空军司令本人和该大学校长也专门到场。

智利空军战争学院院方要求学员在开课前必读的六本书，其中《孙子兵法》位居前列。该学院培训对象分为指挥军官和参谋军官两种，军衔为上尉至少校。前者培训半年，期间讲授两次《孙子兵法》；后者学习两年，《孙子兵法》课程分在两个科目里，一种叫战略课，另一种叫情报课。院方要求学员在开课前必须读《孙子兵法》，在学员进行课下练习、讲评战例、图上推演和考试时，也都会应用到《孙子兵法》的原理。

据介绍，智利政治战略研究院、陆军司令顾问委员会、空军总部机关、空军战争学院、海军战争学院、陆军战争学院、空军工程学院、空军飞行学院、海军战略研究中心、海军工程学院、智利空军作战部队，以及智利刑事警察学院、圣地亚哥大学等军地院校，都相继开设了“《孙子兵法》在现代战争中的理论价值”、“《孙子兵法》在打击社会犯罪领域的运用价值”和“《孙子兵法》在现代商业竞争中的运用”等课程，听课人有将校军官，也有地方学生。

在智利《孙子兵法》授课的主要对象有两类人，一类是军事学院的学员和军官，另外一类则是经营管理类的学生。智利的智利大学、天主教大学、阿道夫大学、加布雷拉大学、密万方数据特拉尔大学的一些项目，都把“《孙子兵法》与商业竞争”作为学员必修课。一些学习医学、工程学等自然科学的大学生也很喜欢选修《孙子兵法》课程，他们从神秘的东方名著中汲取竞争智慧。

这位海军军官对记者说，《孙子兵法》讲的是军事智慧与谋略，同样适用于商业竞争，不仅智利军人喜欢，智利商人和学生也很热衷。可以讲，在商业竞争领域，各国都在借鉴《孙子兵法》，智利也不例外。在智利讲授《孙子兵法》在商业领域中的运用时，大厅里总是座无虚席，甚至有很多人还站着听课。

《孙子兵法》广受拉美各国军人和学者欢迎

“我在美国西点军校学习时,《孙子兵法》已经成为培训军官必读的书。”秘鲁陆军少校瓦斯克斯认为,《孙子兵法》虽然已经诞生了2500多年,但并没有受到时间和空间的限制,是一部触及人类本质和战争本质的箴言。

“我很早就知道中国的孙武,他的《孙子兵法》包含的一些军事思想是世界军事知识常识。”委内瑞拉陆军中校胡里奥在《孙子兵法》诞生地苏州学习过一年汉语,很喜欢用不熟练的汉语跟人交流,谈起孙子和《孙子兵法》,他的脸上充满崇敬的表情。

“《孙子兵法》成为军官的必读书,不仅在美国西点军校是这样,智利的军校也开设了课程,学员们都很有兴趣。孙子的军事思想影响了智利的海军,影响了很多军人,也包括军事家。”智利一位海军军官对记者说。

记者在拉美国家采访发现,《孙子兵法》广受拉美各国军人和学者的欢迎。中国为东方智慧古国,一部《孙子兵法》也可以被称为战争谋略的“百科全书”,在智利和阿根廷许多人都读过这本书,有的人还读过《三十六计》。拉美各国军官在军校学习期间都要专门学习《孙子兵法》这门课,许多国家的大学都开设这门课程,把孙子谋略与商业竞争结合起来,受到大学生和商界人士的青睐。

秘鲁国防部

在拉美国家,军人对《孙子兵法》兴趣更浓。据在南美军事院校授课的中国军事科学院战略部研究员博士生导师刘庆介绍，拉美各国军人和学者对《孙子兵法》的关注集中在如何控制战争上。许多拉美军人和学者认为，以往多数军事名著都把理论阐述的重点放在如何打赢战争上，而《孙子兵法》则在关注打赢战争的同时又很注意控制战争。

在和平与发展成为世界潮流的今天，越来越多的拉美军人开始有意识地运用孙子的“全胜”思想遏制穷兵黩武的战争行为，提倡用非暴力手段解决国际争端和民族、国家之间长期以来愈演愈烈的矛盾与冲突。这也是《孙子兵法》广受拉美各国军人和学者欢迎的一个重要原因。

拉美孙子研究学者介绍说，拉丁美洲独立战争是美洲地区的人民反对西班牙殖民统治的解放战争，在2100万平方公里的辽阔土地上展开的时间前后长达16年之久，战火席卷整个西班牙殖民的美洲地区，波及人口总数达2000万，是世界历史上一次影响深远的殖民地解放战争。这场战争摧毁了西班牙在拉丁美洲的殖民统治，西属美洲除古巴外均获得独立，震撼了当时的整个世界。

在将拉丁美洲劫为殖民地后，西班牙掠去了约250万公斤的黄金和1亿公斤的白银，葡萄牙从巴西运走至少有价值6亿美元的黄金和3亿美元的金刚石。此间军方人士表示，孙子的和平思想对拉美的和平发展非常有益。

拉美学者认为，学习孙子要把握精髓，其精髓中的精髓就是“不战而屈人之兵”。孙子的不战思想体现在对战争的控制，对战争带来的灾难的遏制。对战争的控制不仅要体现在战争爆发前，而且体现在战争过程中和大规模战争结束后。战争控制理论的研究亟待加强，而《孙子兵法》则在这方面提出了许多值得后人借鉴的原则和方法，很值得认真研究。这对深入认识战争、遏制当今战争暴力有很强的针对性。

在世界战争史上令人拍案称奇的斗智情节，总是能为历史上众多经典战例涂上更加耀眼的色彩。拉美军人称赞说，《孙子兵法》充满了智慧与谋略，孙子的许多思想观点比起西方军界占主流地位的克劳塞维茨战争学说明显更胜一筹，那是因为克氏主张暴力，孙子主张谋略。运用战争谋略，应该是军人智慧的最高结晶。

第二章　地方学府

《孙子兵法》成全球教育领域“香饽饽”

目前世界上共有40多种语言版本的《孙子兵法》，地域涵盖南极洲以外的世界各大洲。而孙武文化在全球的传播离不开教育领域，研究、翻译、传授者大都是知名大学的教授。

海外学者统计，全球约有25亿人直接或间接在学习传播孙子文化，其中分布在世界各国的学生占了相当大的比例。西班牙马德里语言学校中文系主任、马德里大学翻译学院兼任教授黎万棠称，《孙子兵法》已成为全球教育领域的“香饽饽”。世界各国的军事学院且不用说，地方学院也把《孙子兵法》列为研修项目和必修学分。美国哈佛大学建议读的一百本书中就有《孙子兵法》，并列为必修课；耶鲁大学领袖教育推出孙子“大战略”；哥伦比亚大学商业学院取得成功离不开被誉为全球商业宝典的《孙子兵法》；麻省理工学院用孙子谋略培养全球顶尖首席执行官；斯坦福大学用孙子智慧造就硅谷精英。

西班牙马德里语言学校中文系主任、马德里大学翻译学院兼任教授黎万棠

海外学生研读《孙子兵法》成风。法国南锡经济管理学校开设《孙子兵法》研修项目，除了系统学习孙子文化的知识体系，还将学习中国传统文化精髓，认识《孙子兵法》核心思想在现代企业中的应用。他们在孙子故里山东滨州进行六大项目培训，分别为孙子理念体验、孙子文化展示、孙子学术讲座、孙子应

用案例考察、孙子策略实战应用等。

德国莱茵河畔的美因茨大学翻译学院汉学家柯山，他读博士学位的论文选题为《兵法与工商：超文化反响在用孙子兵法当倡议的中西企业管理读物》。在德国除了有一位华人凭借孙子兵法选题的论文获博士学位外，柯山是德国人中唯一以此获得博士学位的。

台湾元智大学将《孙子兵法》列为必修学分，开设课程，每年开两班，每班120人，目前已开办了10多年，深受好评。台湾“中华孙子兵法研究学会”研究员、台湾高凤数位内容学院讲师周泯垣，20年来受邀担任数十所大学的“兵法教官”，他出版的《孙子兵法与案例导读》一书，目前为台湾多所大学院校采用。据不完全统计，至今台湾以《孙子兵法》等兵书为题材而获得博士、硕士学位的有56人。

香港中文大学、香港商学院开设“孙子兵法与高阶管理博士班”。香港大学硕博士论文注重对《孙子兵法》的核心思想的理解，弘扬中华谋略，沉淀智慧结晶，构建专业思维平台与智力库。该大学学生邱逸凭借《宋代的孙子兵法研究》破格从硕士研究生升为博士研究生，成为港大首位没有硕士学位的博士生。

遍布全球的许多孔子学院和华文学校开设孙子课程。新加坡孔子学院传授《孙子兵法》，举办“中华文化影响世界”两大论坛，其中一大论坛就是“孙子兵法”；还举办“交大狮城论坛”——“孙子兵法商业战略”、中日韩“孙子兵法·新和平论坛”，请台湾“全球华人中国式管理第一人”曾仕强讲《孙子兵法》，请易中天讲“三国兵法”，反响热烈。

蒙古国唯一的孔子学院，将《孙子兵法》翻译成蒙文并出版，现在正在翻译出版《孙子兵法》《成吉思汗》连环画或漫画，面向蒙古学生和儿童。

海外演讲《孙子兵法》成为经典品牌。黄昭虎博士在新加坡南洋理工大学给来自西方国家的研究生开讲“孙子兵法与商业管理”，这已成为该大学经典品牌课程。新加坡南洋女中也请黄昭虎讲《孙子兵法》。

香港岭南大学邱逸博士十年来开讲孙子讲座百多场，为资优学生演讲“兵法与人生”，为中小学生演讲“神奇的兵法世界”，连续三年在各大教学机构开设孙子讲座，开讲“中西兵法与战争观”、“兵以诈立与仁至义尽”、“战与和、抗与退的抉择”、“读孙子·善谋略”等课程。

东南亚国家和中国港澳台地区纷纷开设孙子课

新加坡南洋理工大学开设“孙子兵法与商业管理”，担任主讲的黄昭虎博士告诉记者，他每周要完成42小时的孙子课程，研究生大都来自西方国家，这已成为南洋理工大学经典品牌课程。新加坡南洋女中的学生也有机会学习中华文化，学习东方哲学如儒家、兵家文化及中西方文化比较等，程度较低的学生则会阅读《三国演义》《三十六计》等故事。

大马《孙子兵法》策略讲师陈富焙，多年来为马来西亚学院等机构主讲孙子及管理课程数百场，他讲的“活用《孙子兵法》”、“寻找孙子宝藏”、“兵法决胜人生”、“向孙子实践者学习”等，充满了孙子的哲学思想和实战的成功经验，受到大马学生的欢迎。

泰国有近千家中文学校，其中得到泰国政府认可、具备颁发正规文凭资格的学校也多达数百所。在华人众多的泰国，学汉语之“热”已在民间燃起，包括儒家文化、兵家文化在内的中华文化在泰国受到推崇，泰国两所孔子学院也都开设了《孙子兵法》课程。

当中华文化在印尼受到30年压制后又重新恢复生机，印尼华人传播中华文化兴起新一轮高潮。印尼中华经典协会创办人吴宗盛用印尼文讲解包括《孙子兵法》在内的中华文化经典，其目的就是要引发年轻一代华裔对中华文化的兴趣，把它融入印尼华人的血液中。他希望年轻的一代华人多读、多听、多写，特别是中华文化富有许多哲理，要善于利用，将之成为华侨华人生活的指南。

香港大学首开兵法硕博士论文先河，香港商学院开设“孙子兵法与高阶管理博士班”，香港亚洲商学院开设孙子兵法与商战谋略班，香港理工大学中国商业中心也打算开设“孙子兵法高级管理班”，旨在弘扬博大精深的中国兵家文化，培养现代化、多元化、智能型、高层次的战略人才。香港中文大学邀请海峡两岸和新加坡的华裔学者连续多次召开“中国式企业管理研讨会”，提出要建立《孙子兵法》的竞争模式，并建议将其与西方企业竞争模式进行比较研究。

中国社会科学院学部委员杨义卸任社科院文学研究所所长之职，受邀前往澳门特区，担任澳门大学社会科学及人文学院中国文学讲座教授、博士生导师，讲先秦诸子中的老子、庄子，接下来打算开讲“还原孙子”，为澳门学校普及孙子文化教育开了个好头。

台湾两所顶尖公立大学和私立大学开班授课，开展《孙子兵法》入台湾校园活动，提升青年学子对兵法的兴趣与认知。台湾元智大学将《孙子》列为必修学分；台湾退役陆军“上将”李建中登上高等学府讲坛，在台湾新竹交通大学开授“兵法与竞争优势”课程，已持续了10多年。目前，台湾淡江大学等多所大专院校都规划了有关孙子的选修课程。

台湾高凤数位内容学院讲师周泯垣受邀担任台湾屏东教育大学硕博士班等数十所大学的“兵法教官”，他出版的《孙子兵法与案例导读》一书，目前为台湾多所大学院校采用。据不完全统计，至今台湾以兵书为题材而获得博士学位的有6人，硕士学位的有50余人。

“现代大学生不能不研读《孙子兵法》。”周泯垣在接受记者采访时说，孙子的哲理智慧跨越时空影响着人们的观念行为，有利于培养大学生的传统人文精神；所蕴含的哲理智慧，有利于培养大学生的理性思维能力和创新精神；蕴涵的伦理道德观，有助于提升大学生人格、气质、修养、情感等基本素养，从而提高人才的综合素质。

像台湾这样开设《孙子兵法》课程，在学生中普及孙子文化的，在亚洲国家和地区不在少数，并且大有上升势头。

亚洲国家地区纷纷开设孙子课

太史公或是孙子首研者

有学者考证，最早把孙武当作历史人物而记述他的生平事迹的是《史记》中的《孙子吴起列传》，这个记载具有广泛的历史事实基础。《史记》中多处评价孙武之功业，可以说，司马迁是研究孙武的首创者，也是为中国古代最伟大的军事家孙武立传的第一人。

曾志雄是广东中山人，两岁就到香港。现在香港城市大学中文翻译语言系担任讲座教授，研究《孙子兵法》20多年。他利用研读古书的经验，看《史纪》、孙子注释、司马兵法、曹操兵法。他对记者说，孙武是世界军事史上的显赫人物，可是历史上有关他的生平资料却十分模糊，也不完整。汉以前典籍中，孙武的记载很少，只有《尉缭子》《荀子》和《吕氏春秋》提到孙武，但都只言片语。

《尉缭子·制谈》“有提三万之众而天下莫当者，谁？曰孙武子也”，《荀子·议兵》“孙武、吴起用之无敌于天下”，《吕氏春秋·上德》“阖闾之教，孙、吴之兵，不能当矣”。因《尉缭子》中和吴起对举的武子是孙武，所以人们把先秦常见的“孙、吴”理解为“孙武、吴起”的定式，特别是阖闾和孙武有密切关系，所以《吕氏春秋》中的“孙、吴”因出现“阖闾”也理解为“孙武、吴起”。

最早把孙武当作历史人物而记述他的生平事迹的是《史记·孙子吴起列传》。曾志雄说，司马迁根据文献记载，并到吴国古战场实地考察和社会调查，第一个在《史记》中为孙武作了传记，以生动形象的笔法，详细描写了“吴宫教战”等重要场面。该传记通过对这篇原始资料重新考辨，可以进一步地理清孙武宫廷勒兵、仕吴时间、孙武和孙膑之关系等几个基本问题。

根据这篇最早的传记，可见孙武原为齐人，后到吴国发展，与吴王阖闾同时。阖闾公元前514年至前496年在位，属于春秋末年。此外，孙武与孙膑在历史上是两个人，后者晚于前者一百多年，是前者的子孙。这是《史记·孙子吴起列传》有关孙武资料的重要内容。

孙子“以兵法见于吴王阖庐”此句，说明孙子不是自己主动献兵书给吴王的。司马迁用“以兵法见于吴王阖闾”而不写作“以兵法见吴王阖闾”，相差一个“于”字，是两个不同的意思，前者是被动句，后者是主动句；当中的“于”字是个被动记号，是略懂古代汉语的人都认同的。

原句的被动意思就是“因为他的兵法著作而被吴王召见”，没有“于”字的主动句的意思是“他拿兵法求见吴王阖闾”，两者所表示的孙武进见阖闾的态度和身份截然不同。前者是吴王对孙武优渥宠召，后者是孙武干禄求见；荣辱贵贱，并不相同。也只有在阖闾慕名召见之下，孙武才不用先行推荐自己的兵法，而吴王劈头向孙武探询兵法的实效，也就自然不过了。

中国《史记》研究会常务副会长张大可对此考证给予充分肯定，称找到了他多年想找但没找到的证据。

香港开设高阶管理博士兵法班

香港理工大学中国商业中心主任王诗华博士在接受记者采访时透露，香港与内地有共通的语言和文化，为内地政府、企事业提供策略性管理人才服务，《孙子兵法》是最有特色、最实用也最受欢迎的课程，他们打算单独开设“孙子兵法高级管理班”，邀请海内外知名孙子学者授课。

据介绍，成立于1992年的香港理工大学中国商业中心，与香港、内地及海外政府机构和工商界建立策略性伙伴关系，重点研究中国的经济、商业和市场走势，已成为在香港培训最多内地公务员及企事业管理人员的机构，获“国家外国专家局”指定认可的境外培训基地，截至目前已培训近两万人。

香港理工大学

在香港，开设高阶管理兵法班已有先例。香港中文大学邀请海峡两岸和新加坡的华裔学者连续多次召开“中国式企业管理研讨会”，提出要建立《孙子兵法》的竞争模式，并建议将其与西方企业竞争模式进行比较研究。香港大学硕博士论文注重对《孙子兵法》的核心思想的理解，弘扬中华谋略，沉淀智慧结晶，构建专业思维平台与智力库。岭南大学持续进修学院学务主任及高级讲师邱逸，在香港大学中文系凭借《宋代的孙子兵法研究》破格从硕士研究生升为博士研究生，成为港大首位没有硕士学位的博士生，也是香港为数不多的凭借兵学论文获博士学位的学者。香港亚洲商学院也开讲“孙子兵法与商战谋略”。

2011年1月15日，香港商学院开设“孙子兵法与高阶管理博士班”。课程从筹创伊始，得到美国管理技术大学、中国孙子兵法商学苑等教育服务机构的全力支持。课程专注于中西文化精髓的融合借鉴，在提供高品质的课程服务下，将《孙子兵法》与西方经营管理融为一体，培养博古通今、具有国际化观念及全方位策略思维的商业领袖及高级经营管理者，搭建高品质、独具财富的交流与沟通的商业平台。

课程参照国际著名院校管理专业的博士体系，课程结构邀请国内研究孙子兵法学者领衔设计，并由国内外著名专家、学者主讲，学期两年。第一阶段为课程授课学习，共有六门孙子兵法高阶管理专业课程和三门管理研究专题课程；第二阶段为博士论文写作与答辩，在入学及授课期间内选题，在完成课程学习后完成写作，成绩合格、通过论文答辩后，可申请获得美国管理技术大学工商管理博士学位；第三阶段为出国学习考察，参加毕业典礼及商务考察活动等。

课程设置有“孙子兵法之战略管理模式”，通过“五事七计”确立战略竞争思想；“孙子兵法之商业组织思维”，通过中西管理思想与职能的对比，深层次揭示古代思想在今日管理应用中的应用；“孙子兵法之市场竞争格局”，对营销论进行重释；“孙子兵法之人力资本战略”，阐述企业经营使命与以人为本的经营观；“孙子兵法之专题研究”，以实战案例将兵法重“势”的精髓再现于市场征战中；“孙子兵法之哲学思维”，启迪当代商业领袖在思辨中领悟华夏祖先的智慧源泉。

原香港理工大学博士生导师、香港国际孙子研究学院院长庐明德教授认为，香港开设高阶管理博士兵法班、孙子兵法与商战谋略班，香港大学首开兵法硕博士论文先河，香港理工大学中国商业中心欲开设“孙子兵法高级管理班”，不仅对于弘扬博大精深的中国兵家文化，而且对于培养现代化、多元化、智能型、高层次的战略人才，都具有十分重大的意义。

宋代兵学研究论文获博士学位

“宋代兵书的数量远远超过以往任何一个朝代”，“宋朝兵书著者身份呈现多样性”，“宋代兵书的种类繁多”……这是邱逸在香港大学中文系硕士研究论文《宋代的孙子兵法研究》中的论点，此文使他破格升为博士研究，成为港大首位没有硕士学位的博士生，也是香港为数不多的以兵学论文获博士学位的学者。

邱逸考证，“杯酒释兵权”的宋太祖赵匡胤曾采取一系列“崇文抑武”政策。到了仁宗赵祯在位时，著述兵书的情形有了翻天覆地的转变，不仅“士大夫人人言兵”，仁宗更是中国历史上第一位亲撰兵书的皇帝，其《攻守图术》三卷、《神武秘略》十卷、《行军环珠》及《四路兽守约束》一卷等四部兵书虽已佚失，但他下令编修大型军事类书《武经总要》作为将帅的教授书，是前朝所无之举。

此外，始立于仁宗天圣七年的武举常选制度，在英宗赵曙朝终成定制，武举考试形式仿照文试的明经科。英宗更开创先河，在武试题中引入古兵书的内容，以古兵书作为考试的范畴，其时宋廷对兵书的重视已非宋初时可比。神宗皇帝赵顼对兵学的态度更为进取，把古代七部兵书置于“经”的位置，称作《武经七书》，并设立武学作为研习兵书的场所。这种对兵书的重视态度，都是宋代以前没有的。

宋朝“兵学兴盛”有三个具体标志。邱逸在他的博士论文中论述到，首先，宋朝兵书的数量为历朝历代之最。《汉书·艺文志》所著录的兵书有53部790卷，图43卷；《隋书·经籍志》著录的兵书有135部512卷；而《宋史·艺文志》著录的兵书竟多达347部1956卷之多。但是，根据近人许保林的整理，宋人著述兵书的实际数字远较《宋史·艺文志》所载为多，达559部。

其次，宋朝兵书著者上至天子，下及在野文人，他们有研究古代兵书的学者，有著名文人，有朝中枢臣和边疆大吏，更包括了不同阶层的官员。就以北宋兵学著述最兴盛的仁宗到神宗朝为例，撰写兵书而官至宰辅者包括了曾公亮、丁度、韩缜、薛向、王存、王韶、张商英及吕惠卿等八人，其他职衔的官员更是不胜枚举。宋代兵书著者职级之高、涉及官员之多，也是前代所没有的。

再次，两宋兵书包括了注解类、权谋类、兵录类、兵鉴类、兵制类、兵器类等十二种，内容不仅遍及古代兵书的各个领域，还有所创建。宋人或汇辑前人兵学研究成果，或整理校勘古兵书典籍，或分门别类摘录历代兵论和战例，兵书如《武经总要》《武经七书》《十一家注孙子》等书，系统地保存了古代兵学的珍贵数据。

此外，宋朝兵书还十分注意从新的角度、在新的领域里探讨兵学原理，如专门论述谋略战法的《百战奇法》，专门论述兵制的如《历代兵制》《补汉兵制》《西汉兵制》，专门论述军事历史人物和事件的《何博士备论》《百将传》《宋朝南渡十将传》，专门记述防城制度的《守城录》等，皆言前人之所未言，推陈出新，完善了中国的兵学体系。

邱逸在梳理宋代兵书时发现，作为《武经七书》之首的《孙子兵法》，在宋兵书发展中处于最重要的位置，不仅研读者众、注本最多、官方最为重视，并且和宋代的武举取士关系最为密切。宋代兵书在版本校勘、注解讲义、集注汇解、分类编辑等方面，均对《孙子兵法》研究有突出的贡献。事实上，《孙子兵法》的两大体系《武经七书·孙子》版及《十一家注孙子》版都是在两宋期间完成的。

邱逸博士

岭南大学高级讲师解答宋代兵学疑案

学者邱逸在孙子研究中提出一个为历代所忽视的问题：宋廷既有着明显的“崇文抑武”的倾向，但宋人著述兵书的数目却较前朝有大幅度的增加，如何解释“崇文抑武”和“兵学兴盛”这两个看似矛盾的现象共存呢？

邱逸研究后认为，“抑武”和“崇文”两项都影响着宋代兵书的撰述，前者规范了宋人撰述兵书的领域，使兵书在宋廷许可的范围内撰述；后者则通过武举文试等方法，引导兵书的发展，特别是向《孙子兵法》诠释方向发展。

宋廷有“崇文”的一面，却对“兵学兴盛”有重大影响。太宗朝始，文人渐成兵书著述的主流，文人论兵现象在仁宗时到达了一个高潮。原因除了有外患深重、时人热心国是外，文人长于文字而短于领兵的特点也是因素之一。因此，武风炽烈的五代，其兵书数目反远不如“崇文”的宋代。

另外，武举制度和官定兵书对“兵学兴盛”也起了推动作用。和前代不同，宋武举重文轻武，“墨义试”，主要环绕《孙子兵法》内容、注文作题，有助《孙子兵法》合注体的形成和丰富；“策问”以《孙子兵法》用兵原则为试题，催生了以《孙子兵法》理论来讨论史事的兵书，两宋“以史论兵”的兵书与武学讲义书的出现，实有武举的影子。

对“兵学兴盛”影响极大的武举也深受赵宋“崇文抑武”心态影响。武人地位低微，试生多视武举为终南快捷方式，目标仍是置身文官之列，武举生及第后其档案多放于吏部而非兵部，多以锁厅试换文，形成了两宋特有的“武举及第——锁厅换文”的致仕之法。

邱逸现为岭南大学持续进修学院学务主任及高级讲师，据他介绍，其研究另一重点是梳爬宋人对《孙子兵法》的贡献，主要包括：

首先，宋代是兵学合流的时期。这合流有两条脉络：一方面是《孙子兵法》体系内的合流，另一方面则是古兵书合流。前者指的是《孙子兵法》是合注体的合辑，北宋由“五家注”到末年的《十家孙子会注》，再发展至南宋的《十一家注孙子》，注家愈收愈多，内容则愈见丰富；后者则是从北宋初年《兵法七书》、宋太宗时的《太平御览·兵部》到神宗时校定的《武经七书》。另外，据邱逸考证，《十一家注孙子》和《武经七书》有着“注”和“经”的关系。

其次，北宋《何博士备论》成书开创了注《孙子兵法》的新体例——“以史论兵”，此补充了唐“以史注兵”的不足，通过对人物事迹的评论，带出兵法原则的讨论，史事在兵书的诠释作用上不再是条条的“死资料”，而能发挥更大的作用，集中一人或一事论兵，条理清晰，重点突出，且灵活多变。史书和兵书互通，史例不再只是兵书的注释，而兵法也可反过来解释历史上的治乱兴衰。

再次，《孙子兵法》作为武举试书、武学教授书，又进一步使冀以武试进仕的考生对《孙子兵法》投入更多的关注，大大有助于对《孙子兵法》的研究，更为集注本《十家孙子会注》的面世提供氛围，形成了以《武经七书》及《十一家注孙子》两大存世版本。此两本迄今仍是研究《孙子兵法》的经典。

邱逸博士开讲孙子兵法的场面

学部委员杨义“还原孙子”

记者见到中国社会科学院学部委员杨义是在澳门大学，他刚刚卸任社科院文学研究所所长之职，受邀前往澳门特区，担任该大学社会科学及人文学院中国文学讲座教授、博士生导师，讲《史记》，先秦诸子中的老子、庄子，接下来打算开讲孙子。

杨义在海内外出版学术著作四十余种，今年出版了“诸子还原”四书，即《老子还原》《庄子还原》《墨子还原》《韩非子还原》。他在接受记者采访时津津乐道地“还原孙子”，他认为诸子学必须参照文献文本、考古资料与诸子身世，对之作为一个有血有肉的人所创造的智慧进行生命还原，这是诸子发生学的基本命题。杨义考证，孙武是田完家族的七世孙，出身将门巨族。根据族谱记载，这个家族还出过一个重要的人物孙权，是孙武的后代。孙武兵书作于吴阖闾九年（前506）“西破强楚，入郢”之前的春秋晚期。

《史记·孙子列传》记载：“孙子武者，齐人也。以兵法见于吴王阖庐”，成语“三令五申”也出自孙武训练宫娥。尽管阖闾自称“尽观”十三篇，但他浑然以游戏态度对待宫娥练兵，并没有把十三篇开宗明义的“兵者，国之大事，死生之地，存亡之道，不可不察也”的战争严峻性存乎心中。

孙武作为“客卿”不同于伍子胥，初见吴王时不能不以血的代价，以确知吴王是否对自己竭诚信任。对此，十三篇中已有明言：“将听吾计，用之必胜，留之；将不听吾计，用之必败，去之。”在孙武看来，君臣嫌隙是用兵的大患，唯有“上下同欲者胜”。本是阖闾用练女兵试孙武，孙武却反而用练女兵试阖闾。如果阖闾过不了这一关，孙武是会拂袖而去的。

杨义认为，《孙子兵法》的大智慧是蘸着血写出来的，并非空泛的纸上谈兵。据先秦子史典籍记载，春秋时代大国兼并小国的战争频繁，出身将门的兵学天才孙武，在祖父孙书伐莒时已是十余岁的少年，家学承传，堂前商讨，案前凝思，列国杀伐和将门论学的交织，给兵学经典的形成注入了丰厚的经验和博大的智慧。

杨义举例说，比如孙武之前百余年的齐鲁长勺之战，在《孙子兵法·军事篇》中可以发现某些投影。《左传》记载的伐莒之役，是可以作为《孙子兵法·军争篇》所说的“兵以诈立”、“其疾如风”、“动如雷震”的战例的。《九地篇》所说“去国越境而师者，绝地也”，以及《军事篇》所说“倍道兼行，百里而争利，则擒三将军”，就会让人联想到离孙武百年的秦晋殽之战。

还有晋楚争雄，屡开战端而胜负轮替，也是兵家不会轻易放过的话题。《计篇》所说“攻其无备，出其不意”，这些原则可以在城濮之战晋大胜楚之后，疏于防备，而在邲之战中败于楚；楚在鄢陵之战中，又因将帅醉酒误事，惨败于晋这一系列的战争教训中得到印证。

杨义说，在考量《孙子兵法》的家族记忆时，绝不能忘记另一位与孙武祖父孙书同辈的大军事家司马穰苴，他也是田完之苗裔，因抗击晋、燕的侵伐立有大功，被齐景公尊为大司马。根据《史记·司马穰苴列传》记载，齐威王使大夫追论古者司马兵法而附穰苴于其中，因号曰《司马穰苴兵法》。

杨义论证，穰苴“将在军，君令有所不受”深刻影响了孙武的治军作风；“文能附众，武能威敌”也被《行军篇》演绎为“令之以文，齐之以武”的治军原则；“士卒次舍、井灶饮食、问疾医药”与《地形篇》中“视卒如婴儿”、“视卒如爱子”如出一辙；“必取于人”的实践性“先知观”，与《谋攻篇》的至理名言“知彼知己，百战不殆”相互映照，使整部《孙子兵法》摒弃了巫风迷思的纠缠，闪耀着深刻的实践理性的光彩。

杨义教授开讲《孙子兵法》

学部委员杨义触摸“孙武体温”

“破解千古之谜的重要方法，致力于破解空白的深层意义，这应该看作是我们的哲学在文献学上的妙用。”中国社会科学院学部委员、澳门大学中国文学讲座教授杨义在接受记者采访时说，要尽可能地从文献的蛛丝马迹上，进入先秦诸子的生命本质，接触到诸子的生命密码，对孙武就要触摸他的“体温”。

杨义说，《左传》中没有记载孙武。在吴国和楚国的“柏举之战”中，《左传》只记载了伍子胥、吴王阖闾，却没有孙武的影子，所以疑古派的学者就怀疑历史上有没有孙武这个人。实际上，历史记载的事情不一定全是真实，没有记载的事情不一定不存在。《左传》所采用的材料，是官方的材料，官方材料记载有官方的规矩，一切成绩和荣耀都归于国王、重臣，还有国王的弟弟。至于孙武，只是一个客卿，一个高级的军事参谋，谈不上有什么爵位，官居几品，所以官方文献就秤不准他的分量，也就忽略不计。

但是先秦的兵家文献有记载。《尉缭子》说，“有提三万之众，而天下莫敢当者”，是谁呢？是孙武子。《韩非子·五蠹篇》里面也讲，“境内皆言兵”，国家里到处都在讲兵，“藏孙、吴之书者家有之”，孙武、吴起成了兵家的标志性人物。这说明同一件事情，官方记载和民间专业书的记载，因为价值标准不同，关注的重点人物就大不一样。

先秦史书中都没好好记载孙子，那么我们研究《孙子兵法》，怎样触摸到孙武的体温呢？杨义考证，《史记》卷六十五是《孙子吴起列传》，身世记载简略，也没有认真交代孙武的祖宗脉络，只说到孙武是齐国人，他遇见吴王阖闾，就拿出了《十三篇》，使现在的《孙子兵法》十三篇有了着落。

杨义指出，问题在于此时大概只有30余岁的孙武，在这之前并没有作战的记录，但是他一出手就是《十三篇》，而且竟然成为千古兵家的圣典，这样的奇迹是怎么产生的？先秦材料并没有提供奇迹产生的足够资料，我们只能从先秦以来可能留下来的有限而零碎的材料中，寻找蛛丝马迹，去弥补和破解这个空白。

杨义讲述说，清代学者孙星衍说自己是孙武的后代，指认出孙武的祖父叫作陈书。《左传》记载的齐国将领孙书，就是孙武的祖父，他曾经率领军队去讨伐一个东夷国家叫莒国，就是现在临沂东北部的莒县。陈书攻打莒国的纪鄣城，城墙很高，难以攀越。城里有个老太太天天纺织麻绳，当陈书率领军队攻城的时候，她夜里从城上把麻绳垂下来，陈书的军队抓着麻绳就登上城楼，上了60人，麻绳断了。

这60人在城楼上大声鼓噪，外面军队也鸣鼓攻城。莒国的国君被搞懵了，不知进来多少人了，看到声势不妙，就逃跑了，齐军就拿下了这个城市。因为这个战功，齐景公恩赐陈书姓孙，孙是公子王孙，是个贵族的姓。孙武后来写成的《孙子兵法》讲兵不厌诈，可以看到这个战例的一些影子。

《孙子兵法》专设《用间篇》为压卷，而以乡间居首，“因其乡人而用之”，还写了个反间计，认为内奸或者“暗线”对于打仗能够知己知彼、里应外合非常重要。哪部兵书专门为“反间计”写上一章呢？就是《孙子兵法》。这跟孙武的祖父讨伐莒国小城，得到城内那个老太太作为内线的支援，是有关系的。《孙子兵法》反映和升华了孙武祖父辈的战争经验。

孙子家族对一场与齐国有关的战争的讨论总结，注入了《孙子兵法》的理论思考之中。如齐鲁长勺之战中曹刿论战“一鼓作气”，对孙武影响很大，他在兵法中讲战争非常重视气：“三军可以夺气，将军可以夺心”，“是故朝气锐，昼气惰，暮气归。故善用兵者，避其锐气，击其惰归，此治气者也”。

杨义称，《孙子兵法》实际上是孙子的政治军事家族的经验和智慧的结晶，也是春秋列国重要战争经验的哲学性的升华。对《孙子兵法》的这些认识，都离不开“从文献处入手，在空白处运思”这种诸子生命还原的学术方法。

杨义略论孙氏家族与兵学传家

中国社会科学院学部委员杨义说，孙武出生在齐国的一个军事世家，祖父、伯祖父的军事思想和作战经验都深刻影响和震撼着当时只有十几岁的少年孙武。这个政治军事家族平时的家教，厅堂上的谈论、辩论、争论，都直接成为孙武军事思想形成的催化剂。家族的记忆，长辈成功的典范，已经成了《孙子兵法》字里行间里的精神气脉。

杨义对记者说，尚应探索的是，家庭文化是古代中国文化承传的重要机制。与孙武的祖父孙书同辈的大军事家司马穰苴，有《司马穰苴列传》见之于《史记》卷六十四，他曾以《司马兵法》闻名于世，他的军事思想、军事行为，对从孙辈的孙武影响极深。

当时，齐国受到了晋国和燕国的威胁，经常打败仗，齐景公任命了他当大将军，派一个宠臣来做监军。这个宠臣倚宠卖宠，到处应酬酒席，接受礼品，耽误军机，司马穰苴要杀他。齐景公马上派使者来制止，说不能杀。司马穰苴说了一句“将在军，君命有所不受”，就把他杀掉了。这句话跟孙武杀掉吴王的两个宠姬的话是一模一样的。

在孙武南迁百余年后，孙氏家族又诞生了一位兵学天才孙膑。杨义考证，《史记》称“膑亦孙武之后世子孙也”，这里的“孙武”后面似应加上“本族”二字。《史记》又称“世传其（孙膑）兵法”，但《隋书·经籍志》已不著录《孙膑兵法》，曹操注《孙子兵法》不及孙膑，可见此书失传已久。宋以来直至近代，疑《孙子兵法》乃孙膑所著者颇有其人。到1972年银雀山竹简同时出土《孙子兵法》和《孙膑兵法》，才算了却这桩聚讼纷纭的公案。

杨义认为，既成公案就又从另一角度催人反思：孙膑是把《孙子兵法》作为家族文化承传的，对之烂熟于心，运用自如。比如《史记》叙写

杨义略论孙氏家族与兵学传家

孙膑以军师身份为主将为田忌谋划围魏救赵战役，采取"批亢捣虚"的策略，分析"今梁、赵相攻，轻兵锐卒必竭于外，老弱罢于内。君不若引兵疾走大梁，据其街路，冲其方虚，彼必释赵而自救。是我一举解赵之围而收弊于魏也"。

这种谋略实践了银雀山汉墓竹简《孙膑兵法》中"攻其无备，出其不意"、"必攻不守，兵之争者也"的思想，而且与《孙子兵法·计篇》之"攻其无备，出其不意，此兵家之胜，不可先传也"，以及《虚实篇》之"攻其所不守"、"攻其所必救"若合符契，并且运用得更加出彩。

由此引发的桂陵之战，竹简本《孙膑兵法》明言庞涓和田忌各"带甲八万"，可补《史记》《战国策》之不及载。在兵力相敌的情形下，孙膑遵循《孙子兵法》"敌则能分之"的原则，避实击虚，以逸待劳，在运动之中"先为不可胜，以待敌之可胜"，相机破敌。

《孙膑兵法》竹简尚存的《威王问》篇中，孙膑回答了齐威王问用兵的三个问题和若干小问题，回答了田忌的五组问题。其中提出的"让威"、诱敌、轻兵试敌一类计谋，在马陵之战运用得有所变通。《史记》载，这场战役中孙膑对田忌说：“彼三晋之兵素悍勇而轻齐，齐号为怯，善战者因其势而利导之。兵法，百里而趣利者蹶上将，五十里而趣利者军半至。”这种让威诱敌的计谋，使魏军骄躁轻进，在马陵狭道为伏兵重创。

孙膑节引《孙子兵法·军争篇》的“百里而争利，则擒三将军……五十里而争利，则蹶上将军，其法半至”，而只称“兵法”，不称全书之名，既存尊崇本族先祖之意，又表明兵法已成其家传之学。

杨义评价说，从柏举之战到桂陵之战、马陵之战，《孙子兵法》及齐国孙氏兵法传家，给中国古代兵学的理论和实践增添了智慧、文采和光彩，改写了春秋晚期到战国中期吴、楚、齐、魏等大国的历史，也丰富了人类聪明才智的深远的构成。

杨义妙语连珠话老子与孙子

中国社会科学院学部委员杨义在接受记者采访时说，《孙子兵法》十三篇的行文不过六千余言，略长于《老子》（道德经），而化韵体为散体。如果说《老子》言道妙以机趣，那么《孙子兵法》则述“诡道”以精诚。

杨义教授最近在中华书局出版了“先秦诸子还原”四部专著，对先秦诸子进行富有创造性的研究，破解诸子学中的关键性难题共有38个之多，尤其是《老子还原》对诸多谜团一一破解。他告诉记者，春秋末年，只有《老子》和《孙子兵法》两本书，孔子的《论语》到了战国时期才有，目前他正在“还原孙子”。

杨义对记者说，春秋战国之世，中国社会发生了长久、全面、激烈的震荡和变动，催化了整个民族的思想创造能力，中国文化在突破和超越中出现思想原创，裂变为百家之学。率先开宗的堪称“春秋三始”：一是老子言道德五千言，开道家之宗；二是孔子聚徒讲学，开儒家之宗；三是孙武以兵法“十三篇”见于吴王阖闾，开兵家之宗。

孙子把老子的“道”引进兵家，“道”是春秋时期的一个“关键词”。杨义说起老子与孙子来，妙语连珠，令人耳目一新。

《老子》提出“人法地，地法天，天法道，道法自然”的纲领。《孙子兵法》提出“道、天、将、地、法”，把“道”放在五事之首，成为整部兵法的核心思想。“全胜之道”，这与《老子》用五千言，用了73个“道”字后先辉映。

《老子》突出了以柔弱胜刚强的智谋方针：“将欲翕之，必故张之；将欲弱之，必故强之；将欲废之，必固兴之；将欲夺之，必固与之。是谓微明；柔胜刚，弱胜强。”《孙子兵法》说：“故善用兵者，避其锐气，击其惰归，此治气者也。以治待乱，以静待哗，此治心者也。以近待远，以逸待劳，以饱待饥，此治力者也。”“乱生于治，怯生于勇，弱生于强。”

孙武向吴王晋献兵书雕塑

论道重虚实相生，是《老子》为中国哲学和美学发明的一条重要的原理，用了古时冶炼业使用的风箱设喻“虚而不屈，动而愈出”。《孙子兵法》奇正虚实之论，是中国古代兵学精华所在：“凡战者，以正合，以奇胜。”“避实就虚”，“攻其所必救”。

《老子》是从水中体验道体、道性的。所谓“上善若水”，“譬道在天下，犹川谷之于江海”，“天下莫柔弱于水，而攻坚强者莫之能胜”，全书散发着水文化的气息。《孙子兵法》“兵无常势，水无常形”，“若决积水于千仞之者，形也”。以水形喻兵势，极具神韵。

《老子》婴儿喻道：“载营魄抱一，能无离乎？专气致柔，能如婴儿乎？”《孙子兵法》说：“视卒如婴儿，故可与之赴深谷，视卒如爱子，故可与之俱死。”

担任过《文学评论》主编的杨义评论说，在述学方式中《老子》堪称独特的，是写成韵散交错，时或句式整齐、时或长短不拘的道术思想性的诗，或哲学诗，行文律动着一种抑扬顿挫的节奏之美。孙子不是文章家，胜似文章家。《孙子兵法》是一流文章，一锤打下，落地有声，文字功夫已达到了无意为文而文采自见、高明而精微的境界。

杨义还评论说，《孙子兵法》还善用连喻。《九地篇》又说“将军之事，静以幽，正以治”，在比喻等待和把握战争机遇时还说“是故始如处女，敌人开户，后如脱兔，敌不及拒”。这些比喻或意蕴饱满，或辞采飞扬，说理多有力度，组合常语而能开拓深刻的意义，以简练的文句包容宏富的内涵，同时著述大概只有《老子》能与比肩。

《孙子兵法》被大学列为必修学分

记者慕名来到台湾元智大学，采访首个在台湾将《孙子兵法》列为必修学分的“推手”王立文博士。在他的办公室和会客室里，摆满了各种《孙子兵法》书籍，这都是他到世界各国讲课时收集的。他的案头放着一叠元智大学出版的报纸，每期头版都有他撰写的有关孙子文化的文章。记者随手翻阅，《从孙子兵法传播看中华经典全球化趋势》一文，洋洋洒洒占了一个整版。

王立文原是台湾元智大学机械系教授、系主任、副校长，现任该校通识教育学会监事，是台湾通识教育十大“推手”之一。元智大学原名元智工学院，是一所私立大学。近年来，该校陆续推出新世纪领袖人才培育计划，培育具国际观的青年领袖人才，将增强学生未来就业竞争力作为培育重点。而将研读《孙子兵法》列为必修学分是其中的一个举措，也是王立文“力推”的。

问及缘何改行，王立文幽默地对记者说：“机械太死板，而孙子极灵活。”他在上大学时就读《孙子兵法》，一直研读了30年，出版过相关专著。他认为，《孙子兵法》不仅是战争宝典，更是竞争宝典，还是一门教人成功的学科。近年来，台湾盛行过成功学，但都不能与孙子的智慧相提并论。孙子经典对大学生未来的人生和事业非常管用，不能让中华经典在当今的大学生中流失。

2008年，王立文告别机械领域，转向人文领域，设计了一套经典教育系统，开设孙子兵法课程，每年开两班，每班120人，已连续开办了好多年，深受好评。王立文采取将理科及文科融合教授的方式，所讲的《孙子兵法》与人生智慧，受到不少学生欢迎，其中还包括在元智大学进行短期交流的大陆学生。有些学生回大陆后，向学校推荐，邀请王立文赴苏州大学、华中科大和东南大学等高校举行讲座。他说，自己是大陆学生来台交流的受益者。

王立文说，第一次前往华中科技大学讲授《孙子兵法》时，让他吓了一大跳，原本以为这堂课不可能吸引太多学生聆听，没想到不仅座位全坐满，走道边也站满了人。有学生告诉他，为了听他演讲排了一个多小时的队。他感动之余，也感受到祖国大陆对于中国经典文化的热爱。

王立文按照《孙子兵法》十三篇，逐篇分析这部经典所包含的人生哲理，每一篇都先举出原文，再融合当代学生在学习、求职上的现状，深入浅出地解释、阐述。他还以元智大学曾经提出的“新世纪领袖案”，引导大学生用孙子竞争思想把握人生与事业的主动权。在讲“地形篇”时，他以孙子“故知兵者，动而不迷，举而不穷”，结合一个个《孙子兵法》实践者成功的实例，使大学生深刻理解《孙子兵法》的精髓。

连续两年，王立文担任领队带领元智大学的大学生赴孙子故里山东参加“海峡两岸大学生孙子兵法友谊辩论赛”，两个辩题分别是“获得胜利的关键是实力还是智慧”和“孙子兵学的精髓是动以争先还是静以制动”，使大学生受益匪浅。

海峡两岸举办大学生孙子兵法友谊辩论赛

2010年，首届“海峡两岸大学生孙子兵法友谊辩论赛”在山东滨州传媒集团电视演播厅举行。滨州学院和台湾元智大学的各四名学生分别代表两岸大学生，就《孙子兵法》核心思想是“竞”还是“和”展开了激烈的辩论。滨州学院大学生的观点是：《孙子兵法》的核心思想是“竞”；元智大学大学生的观点是：《孙子兵法》的核心思想是“和”。双方选手在辩论赛上，结合现实，引经据典，立论鲜明，旁征博引，双方以敏锐的洞察力、流畅的表达力和快速的反应能力，展现出了海峡两岸当代大学生良好的文化修养。最终，滨州学院的赵小松和元智大学的洪正东被评为最佳辩手。

2011年，第二届“海峡两岸大学生孙子兵法友谊辩论赛”在山东滨州学院举行。来自台湾政治大学、台湾元智大学、苏州科技学院和滨州学院四支代表队，围绕“孙子兵学的精髓是动以争先还是静以制动”、“获得胜利的关键是实力还是智慧”等辩题，辩手们慷慨陈词、旁征博引，不仅辩手个人发挥出色，团队配合也极为默契。整个辩论过程中，两岸辩手的精彩表现充分展示了中国当代大学生良好的精神风貌和文化修养，促进了两岸学子在语言、思想、文化和情感等方面的交流，进一步拉近了彼此之间的距离。经激烈角逐，来自滨州学院的赵小松和台湾元智大学的陈世曦从众多辩手中脱颖而出，荣获杰出辩手称号。

2012年，第三届“孙子兵法两岸青年辩论赛暨从孙子兵法的全胜思想看中华民族的未来发展论坛”在台湾政治大学举行。前两届参赛对象为大学生，这一届首次将参赛对象扩展到高中。山东惠民一中、苏州吴中区角直中学、台湾复旦高中和政大附中代表两岸高中组参加了此次辩论赛。两岸青年辩论赛提高了参赛中学生们对《孙子兵法》学习的兴趣，拓展了他们的视野，促进了他们对两岸文化的了解，增进了两岸中学生间的交流和友谊。

2013年，第四届“海峡两岸青年学生孙子兵法友谊辩论赛”在山东省滨州市惠民县第一中学新校区举行。此次辩论赛六支辩论赛团队分别是来自海峡两岸的六所大学：台湾政治大学代表队、台湾元智大学代表队、台湾治智代表队、临沂大学代表队、滨州学院代表队、苏州科技学院代表队，辩论赛围绕“制胜的关键是智慧还是武力”、“《孙子兵法》尚道还是尚利”这两个辩题进行了激烈的辩论。海峡两岸代表队势均力敌，双方紧扣孙子兵法，结合古今中外的案例，特别是当今国际局势和国防力量，结合现代商战等，引经据典，据理力争，将比赛带入了一个又一个高潮。

2014年，第五届“海峡两岸青年学生孙子兵法友谊辩论赛”在山东滨州举行。来自台湾和大陆的十支代表队参赛，共40名辩手围绕孙子文化展开了一系列唇枪舌剑。台湾元智大学共来了两支代表队，领队王越介绍，学校共12名学生参加了辩论赛，学生们对这场比赛很用心。“他们利用自己的暑假时间练习，经常从早上交流到晚上，持续了一个月时间。”对于学生们现场的表现，王越伸出大拇指说：“太棒了！”

2015年，第六届“海峡两岸青年学生孙子兵法友谊辩论赛”在山东滨州学院举行。辩论赛上，大学组的台湾政治大学代表队、台湾元智大学代

海峡两岸举办大学生孙子兵法友谊辩论赛

表队、台湾东吴大学代表队、临沂大学代表队、苏州科技学院代表队和滨州学院代表队围绕“孙子兵法‘崇仁’还是‘尚利’”、“古代战争中‘治心’重要还是‘治力’重要”两个辩题展开了激烈辩论，充分展现了孙子兵学的思想精髓和文化内涵。

海峡两岸孙子兵法辩论赛的举办，扩大了两岸青年学生交流，对于两岸同胞增强相互了解、共同传承和弘扬中华文化、推动两岸关系和平发展具有积极作用。原台湾淡江大学国际战略研究所教授兼所长李子弋评价说，举办海峡两岸大学生孙子兵法友谊辩论赛很有意思，两岸青年学子通过辩论，寻找到共同的语言，还可以增进感情、消除隔阂。

新加坡南洋理工大学架起东西方兵法传播的桥梁

“从古到今，从西到东，从军到商，从学到用”，这研究和传播《孙子兵法》的十六子方针，是新加坡南洋理工大学黄昭虎博士对自己30多年兵法生涯的绝妙概括。

黄昭虎是新加坡小有名气的人物，只要提到他的名字，从新加坡总理到普通市民几乎都知道，“他是搞孙子兵法的”。所以要见到黄昭虎也很难，因为他实在太忙，时间已不属于他自己的了。

黄昭虎祖籍海南，1951年出生在新加坡，是第二代华人，当过兵，做过老师，曾任新加坡国立大学企业管理学院院长，主讲战略管理及行为学，现任新加坡南洋理工大学教授，主讲EMBA。

记者见到黄昭虎是在南洋理工大学的教学楼里，他正在给来自北欧的研究生讲“孙子兵法与商业管理”。等到授课结束后，只给与记者共进午餐的半个多小时时间采访，因为午餐后他要继续授课。黄昭虎告诉记者，这一周要完成42小时的孙子课程，全年像这样的课程排得很满，研究生大都来自西方国家，这已成为南洋理工大学经典品牌课程。

黄昭虎对记者说，除了大学安排的课程，全年还有很多新加坡各界和国外邀请他讲课，经常排不过来。从1984年起他到世界各地讲课，主要为全世界的总裁们讲《孙子兵法》，讲孙子的智慧如何运用于策略管理和商业运作，受到世界许多机构的热烈反响。西方人要投资中国、投资亚洲，很想了解东方人的头脑和智慧，他就当起东西方兵法传播的桥梁。

记者了解到，黄昭虎在西方人眼里这么“红”，源于他翻译了许多西方人喜欢看的中国兵书。如1991年7月由爱迪生·威士利出版社出版的《孙子兵法——战争与管理》，成为该出版社历年最畅销的书之一；1998年出版《中国古代智慧与现代商场》；2001年出版《古代智慧与现代管理》，成

新加坡南洋理工大学黄昭虎开讲“孙子兵法与商业管理”

为2001年新加坡十大最畅销之书。而2003年9月出版的《孙子兵法：翻译讲解与分析》，他花了七年心血，把中国的文言文翻译成英文，英文中有中文，每一句都加以注释，用东方人的眼光诠释东方兵法，这在同类书中是少见的，备受西方人的关注。

于是，黄昭虎声名远扬，曾为30多个国家和经济体的220家主要机构，包括财富500强如中国银行、中国宝钢、芬兰诺基亚、德国西门子、荷兰皇家荷兰电讯公司、印尼三林集团、马来西亚毕马威，以及美国的希尔顿、摩托罗拉、戴尔计算机等进行管理培训与咨询。

1997年12月，黄昭虎应邀给戴尔电脑集团的高层主管讲课。戴尔是世界上成长最快的电脑巨人之一，黄昭虎用孙子“未战先胜”的思想说明集团的业务策略，创办人兼总裁麦克戴尔茅塞顿开，开创了不同的电脑销售途径——通过网际网络，不但排除了中介人，还可“量身定做”产品，在网际网络上直接指明他所需要的规格，戴尔在几天内便能把电脑装配好，然后送到办公室来。

黄昭虎表示，他是1978年中国改革开放后开始研读《孙子兵法》的，发现这是大哲学、大智慧。他给自己定位：这辈子只做一件事，而这件能让他长期研究，可延伸到商业领域并让全世界应用的事业，非孙子莫属。随着越来越多亚洲经济体对世界开放，孙子也越来越热。他给美国大企业讲“知彼知己，知天知地”，讲中国市场与美国市场的对比，美国大企业居然决定主攻亚洲、主攻中国。他没想到自己用中国孙子的智慧为中国发展做了贡献。

新加坡国立大学学者从研究政治到翻译《孙子兵法》

“不同政治文化之间的碰撞越来越多，我觉得中国的传统文化是最优秀的政治文化，在东西方政治文化的碰撞中得到融合。如《孙子兵法》，不仅全世界军事家喜欢，而且政治家、哲学家和思想家也喜欢。”说这话的是新加坡国立大学东南亚研究所高级研究员黄基明博士，他在研究政治和哲学中参透了中国兵法，先后把两部《孙子兵法》和四部中国武经七书翻译成瑞典文和英文。

记者在瑞典首都斯德哥尔摩和瑞典著名港口城市哥德堡书店发现，瑞典文《孙子兵法》销量常年居高不下，多年来在外国典籍发行量中排名靠前。而这两部瑞典文《孙子兵法》的翻译均出自精通英语、瑞典语、华语、马来语和熟悉福建话、粤语的黄基明之手。

黄基明出生于马来西亚槟城，父亲是峇峇，母亲是华人。他加入了瑞典籍，在瑞典学习西方哲学30年。后来他觉得“西方哲学”有其不足，必须吸收更多中国文化和思想。于是，这名已掌握瑞典文的研究生开始自修华文，不但学习中国书法、中国画，还研读《孙子兵法》，练起太极拳来，甚至成为瑞典数一数二的太极拳高手。

拳法和兵法，同根同源，本属一家。以往的习武者，文学兵法，武练拳术。在黄基明看来，太极拳的虚实、奇正、攻防、分合，以及刚柔、虚实、进退、开合，不仅是兵法谋略的运用，而且在某种程度上是政治意念的延伸，所以兵法和太极一直得到政治家的青睐。

1989年，黄基明获得瑞典奖学金，有机会到北京浸濡两年，这对他参透兵法特别有用。他先后把包括《孙子兵法》和《吴子兵法》等四部著作翻译成瑞典文及英文。

2002年，这位马来西亚政治专家曾返回马来西亚做研究，努力研究马

新加坡国立大学学者黄基明

来西亚政治与发展状况。马来西亚首相马哈迪一生最重视两本书，其中一本就是《孙子兵法》。他曾说，《孙子兵法》对他影响很大。黄基明打算在马来西亚翻译出版马来文《孙子兵法》和中国武经七书。

2004年，黄基明加入新加坡著名智库东南亚研究所，一头栽入研究政治及出版工作。该研究院从事东南亚政治、经济和文化研究，黄基明如鱼得水，出版了新加坡已故副总理吴庆瑞博士的传记。

黄基明解释说，来新加坡之前，他对吴庆瑞并不熟悉，也就不会对吴有任何既定的印象。做了许多研究后，他把焦点放在吴庆瑞的所思所想。除了分析吴庆瑞从政后的公开演说，黄基明觉得也应该了解其从政前的情况。于是，他细读吴庆瑞母校的校刊，再努力挖掘吴庆瑞出版的其他作品。

吴博士曾担任过内阁资政李光耀大学时期的经济课导师，后在内阁中先后担任多项要职，包括财政部长、内政及国防部长、副总理，为新加坡的独立和繁荣做出了卓越的贡献，享有“新加坡经济发展总建筑师”的称号。

吴庆瑞倡导从《孙子兵法》和《三国演义》中学习战略管理。早年他曾对李光耀资政说，不读《孙子兵法》不可当新加坡总理。吴博士喜欢送书的习惯多年不改。李显龙总理在写给吴的悼词中回忆到，当时他身为武装部队第一批奖学金得主，吴博士曾赠送他们每人一本《孙子兵法》。

从马来西亚到瑞典，又从瑞典到新加坡，经历30多年的东西方政治和文化的比较研究，作为政治分析家的黄基明感悟到，无论是欧洲政要还是新加坡和马来西亚政要，乃至世界各国政治家都钟情于中国传统兵家文化，说明以《孙子兵法》为代表的中国兵法，早已引起了全球政治家的高度关注，不仅成为军事宝典，而且成为治国方略。

黄基明表示，新加坡东南亚研究所是世界上著名的东南亚研究中心，《孙子兵法》在东南亚乃至全球的政治、军事、经济和文化领域地位显赫，作为该所高级研究员，研究东南亚政治，不能不研究中国的《孙子兵法》。

新加坡中学双语双文化灌输中国兵家文化

2007年10月29日，新加坡南洋女子中学31名师生来苏州大学进行学习交流，他们主动提出要听《孙子兵法》课。苏州孙武子研究会安排教授给她们上了一课，并带她们上《孙子兵法》诞生地穹窿山参观了孙武苑，加深了对孙武其人其事的了解，使女学生们获益颇多。

2012年2月20日，新加坡南洋女中44名双文化奖学金同学进行为期八周的中国浸濡之旅，在苏州除了参观拙政园、苏州博物馆、寒山寺外，还参观了孙武书院，让同学们既见识了“出口”全世界的古典园林，又领略了同样“出口”全世界的《孙子兵法》的独特魅力。

新加坡南洋女子中学创立于辛亥革命时期，由一批来自中国同盟会的领导者创建。他们在孙中山先生的倡导下，积极兴办女子教育，意在让女性成为对社会有贡献的人。自1917年建校以来，南洋女中一直秉承先贤创校的精神，以培养有文化、有素质的女子为目标，将她们培养成国家的栋梁。

南洋女中录取的学生，在小六全国会考的成绩都是名列前茅的。该校于1979年获选为特选学校，学生都修读第一语文水平的华文与英语课程。自1993年成为自主中学，开设一些声誉卓著的特别课程，如《孙子兵法》选修课程、高才教育课程等。该校邀请新加坡南洋理工大学教授、知名孙子研究学者黄昭虎讲《孙子兵法》。

南洋女中校长麦丽英说，该校办校宗旨是为学生创建双语双文化的学习环境，培养德才兼备的新时代女性。双文化课程给予学生每周五小时进行有关文学赏析，如选读《三国演义》《孙子兵法》。

南洋女中华文与文化部主任郑秀清介绍说，所有中一、中二学生都会上文化常识课，内容包括基本的中国历史、节日、传统等。到了中三，她们

新加坡南洋女中普及《孙子兵法》

将按自己的华文程度学习，程度高及对中华文化兴趣浓厚的学生会学习东方哲学如儒家、道家思想，《孙子兵法》，及中西方文化比较等；程度较低的学生则会学习较浅白的如“三十六计”等故事。

为了培育懂得反思、反应敏捷、有责任感的学生，南洋女中在2004年推出综合课程，2011年又将学生发展与课程进行全面整合，推出标志学校课程发展的又一里程碑——培养领袖才能，培养学生慎言、慎行、慎思、慎独。而领袖才能需要孙子的智慧与谋略，培养学生的“四慎”，又与孙子的慎战思想相吻合。

在南洋女中就读四年后，直接升入华侨中学高中部。因为两校历史渊源深厚，有共同的价值信念，加上两校有许多共通之处，如都重视双语及华族文化的优良传统。所以六年的综合课程，南洋女中和华侨中学配合无间。

新加坡华侨中学是已故华侨领袖陈嘉庚先生发起，于1919年在新加坡创办的以中文为教学媒介的学校。作为传统华校，华侨中学一直使用中国课本，用中文教学。如今华侨中学已经是新加坡最顶尖的中学之一，虽然主教语已更改为英语，但依然保持了比较浓厚的中文背景和中华传统文化。学校历经沧桑，为包括兵家文化在内的中华文化在海外的传播做出了不懈努力。

华侨中学建有教学楼、大礼堂、大讲堂、图书馆、田径场、游泳池、体育楼、体操馆、柔道馆、重量训练室、体能训练室、室内射击场和户外球场等，学校有田径、体操、篮球、足球、排球、网球、乒乓球等20多个不同项目的运动队，其中篮球、排球、体操、武术、田径、柔道是传统强项，俱乐部包括围棋、象棋等，在教学阅读、课外活动和体育竞技中培养尚武精神，灌输中国兵家文化。

2005年，华侨中学开办开设了双文化课程，旨在为新加坡培育一群真正学贯中西的双文化精英。所有修读双文化课程的学生皆须到设在北京的卫星校园学习半年，直接感受中国政治、社会、经济、文化发展的脉搏。

新加坡华侨中学副校长陈鹏仲表示：“我们是一所华校，我们有这个使命、有这个任务要保留中华文化的传统，那些好的、优良的传统文化要让它在新加坡继续弘扬。”

牛津大学出版《孙子兵法》成全球畅销书

由萨谬尔·格里菲斯翻译、牛津大学出版社1986年出版的平装本《孙子兵法》最受欢迎，常年位居科学类畅销书排行榜的前几位，曾连续多年雄踞亚马逊网上销售排行榜之首，一度创下单月16000本的销量。

牛津大学出版社始创于15世纪末，是世界上规模最大的大学出版社，通过在全世界开展出版活动来推动研究、学术和教育向一流水准发展。500多年来，该出版社通过高质量的研究与出版活动，已发展成每年在50多个国家出版4500多种新书的世界最大的大学出版社。

牛津大学出版社在向西方读者介绍此书时宣称，《孙子兵法》是军事理论上的一把"瑞士军刀"，足以应对任何局面。《孙子兵法》在该社出版的畅销书中排名第二。

1963年，格里菲思根据孙星衍《十家注》重新翻译的《孙子兵法》英译本由牛津出版社出版。格里菲思是美国海军陆战队的一名准将，他52岁时被牛津大学授予博士学位，主修科目是中国军事，曾被派往当时的北平学习汉语。这位中国军事博士，翻译《孙子兵法》古代军事术语得心应手，其译文富有中国的军事特色。

格里菲思在导论部分，详细介绍了他对孙子多年的研究成果，包括《孙子兵法》的作者、时代背景、孙子战争思想、毛泽东思想与《孙子兵法》等内容。该书于当年被列入联合国教科文组织的中国代表翻译丛书，近几十年来多次重印再版，在美国和西方各国广为流行，取代了翟林奈译本在美国和整个西方世界的权威地位。

据2002年美国《洛杉矶时报》的一篇文章报道，有2500多年历史的中国《孙子兵法》在美国洛阳纸贵。出版《孙子兵法》英译本的牛津大学出版社美国发言人利奥波德女士说，该出版社已经重印25000册《孙子兵法》以

英国牛津大学出版的《孙子兵法》

应付市场需求。她说，《孙子兵法》一向名列畅销书龙虎榜。

《孙子兵法——美国人的解读》一书为亚马逊书店连续100多周上榜的畅销书，是牛津大学出版社正式授权的全球唯一中文本。该书与中国出版的同类书籍不同之处在于，它简单易懂，行文流畅而不失其精髓，并蕴含西方人的理念，与实际生活结合紧密，故而能为大多数读者所喜欢。

《孙子兵法》在西方被译作《战争的艺术》，18世纪以后，先后被译成英、法、德、俄、捷等多国文字，国际上认为它是“世界古代第一部兵书”。进入21世纪的今天，《孙子兵法》在英美等国家出现了热销的局面，在世界最大的网上书店亚马逊，目前有多达102种与“孙子”相关的书目，有读者在亚马逊网站上评论：“如果人的一生只能读一本书的话，那就应该是《孙子兵法》。”

拥有极高收视率的英国电视连续剧因引用了《孙子兵法》的一段台词，不仅无意中给《孙子兵法》做了一次免费广告，而且还给出版此书的牛津大学出版社带来一笔意想不到的生意，出版社立即加印2.5万册平装本《孙子兵法》投放市场，以满足广大英国读者的需求。

德国学者“商战兵法”论文获博士学位

在位于德国莱茵河畔的美因茨大学翻译学院，记者见到了汉学家柯山博士。在这座德国著名的翻译王国里，设有法语、英语、西班牙语、葡萄牙语等欧洲各语种，以及汉语、日语和日耳曼语等，而柯山则把目标锁定汉语，在汉语中锁定中国古代典籍，在中国古代典籍中又锁定了《孙子兵法》。

今年48岁的柯山曾经与记者是同行，从事过新媒体及移动电话新闻。他1990年至1998年在鲁尔大学学习汉学，获硕士学位；2003年至2005年被德意志学术交流中心派驻北京，从事教学和跨文化交流；2005年至2009年在埃尔朗根大学汉学系读博士学位，论文选题为“兵法与工商：超文化反响在用《孙子兵法》当倡议的中西企业管理读物”。

德国美因茨大学翻译学院柯山博士

柯山告诉记者，他从2005年开始研读《孙子兵法》，读了便爱不释手，认为非常经典，博士论文就选择了《孙子兵法》。当时指导老师虽然感到很惊奇，但持肯定态度，对他的博士论文评价很高。

在写博士论文前，柯山对《孙子兵法》的翻译和在工商领域的应用作了很详尽的研究，到中国图书馆查阅目录，参考了400多本与孙子有关的书籍，写了三年多时间。他还专程到孙子出生地山东和《孙子兵法》诞生地苏州穹窿山考察。在德国，除了一位华人以《孙子兵法》论文获博士学位外，柯山是德国人中唯一以此获得博士学位的。

柯山的博士论文共30多万字，分六个部分，以文化传播的视角，详尽介绍了《孙子兵法》的翻译出版的历史、现实意义和作用；介绍了作者、版本和注释以及兵学文化交流。他还探讨了为什么《孙子兵法》在世界上影响如此之大，提出在缤纷世界的神话里，西方人如何正确理解东方兵学，如何全面考量中国古代兵学的实践性，在中西方文化共融中接受《孙子兵法》的精髓。

柯山的博士论文重点解读了“工商孙子的起源”，以中国、日本和美国为范例，尤其以中国改革开放以来企业管理者为最新典范，阐述“工商孙子与文化转移”、“工商孙子不同形式的发展”、“工商孙子形式上的相似之处”，还阐述了德国工商界对于《孙子兵法》的翻译传播和应用，以及《孙子兵法》对全球的贡献。

2010年，柯山的博士论文《兵法与工商》由德国一出版社出版，销售量很高，被德国的图书馆收藏。该出版社称《孙子兵法》为“商界中的战争艺术”，称《兵法与工商》一书“用以孙子兵法为核心的企业管理读物来阐释中西方跨文化交融”。

莫斯科大学邂逅孙子崇拜者

记者慕名来到坐落在莫斯科市西南外列宁山的莫斯科大学，该大学是俄罗斯规模最大、历史最悠久的综合性高等学校，也是全俄最高学府和世界一流教学科研中心之一，曾培养出许多杰出人才。

在大学主楼的平台上，记者与崇拜中国孙子的三名异国学子不期而遇，谈起孙子话题来也十分投机。这三名学子两男一女，两位帅气的男生都是俄罗斯人，一个叫伊万，另一个叫高里，而长发披肩的秀丽女生则是韩国人，叫英子。

莫斯科大学传授《孙子兵法》

伊万手指着高大雄伟的莫斯科大学主楼对面的图书馆，自豪地对记者说，这是俄罗斯高校中最大的图书馆，共有藏书1000万册，藏有52种外文科学文献740多万册，国外文献240多万册，其中不乏欧洲与东方古籍珍本。

伊万接着说，在莫斯科大学图书馆里，中国的书籍很多也很全，尤其是中国的古代经典，从《易经》、老子的《道德经》、孔子的《论语》，到《孙子兵法》《三国演义》，应有尽有。他喜欢研究兵家文化，经常到图书馆阅览兵书。他最崇拜的还是孙子，因为《孙子兵法》是世界第一兵书，是无法超越的。

“在莫斯科大学孔子学院举办的中国文化节上，中国武术竞技太精彩了。”高里说，莫斯科中国武术学校的学生叫维克多，是俄罗斯人，他在台上表演了一套颇具神韵的太极拳，让高里很羡慕。孔子学院开设了武术和太极拳班等中国文化辅导班，弘扬中国传统兵家文化，受到俄罗斯学生的欢迎。

高里还说，今年4月，中国邀请莫斯科大学学生暑期到中国研修，去了300人，游览秦始皇陵、兵马俑等，感受神奇的中国传统文化和现代文明。研修生回校后说，他们以前就在电视上看到过兵马俑，但这次在博物馆亲眼看到，觉得很震撼。高里因没有去感到特别遗憾。

英子说，她自从读了一本介绍孙子的书，就开始迷上了中国古代哲学。她希望自己能更多地了解孙子思想。她介绍说，韩国人把《孙子兵法》当作哲学书研读，主要应用于社会文化生活领域，孙子的哲学思想和智慧影响了一代又一代的韩国人，涌现出一批哲学和社会科学研究家。

英子告诉记者，中国传统文化对莫斯科大学的学生影响很大，对中国兵家文化感兴趣的不仅有俄罗斯的大学生，其他各国学生也不在少数。在莫斯科大学文科一号楼教室，她看到学生经常围坐一起，认真地用汉语朗诵《孙子兵法》的警句。

美国哈佛商学院把《孙子兵法》列为必修课

记者在哈佛大学了解到，该大学把《孙子兵法》列为必修课，在全世界名声很大。海外媒体称，布什的母校哈佛大学商学院从很早开始就一直在教授《孙子兵法》。1996年，哈佛大学57位学者将《孙子兵法》评选为世界4000年10部影响最大的著作之一。哈佛大学建议读的一百本书，其中就有《孙子兵法》。

哈佛大学是一所位于美国马萨诸塞州的私立研究型大学，是一所在世界上享有顶尖学术地位、声誉、财富和影响力的教育机构，被誉为美国政府的思想库。在世界各大报刊以及研究机构提供的排行榜上，哈佛的排名经常是世界第一。

哈佛商学院是美国培养企业人才的最著名的学府，是如今美国最大、最富、最有名望，也是最有权威的管理学校，被美国人称为商人、主管、总经理的"西点军校"，是一个制造"职业老板"的"工厂"。美国许多大企业家都在这里学习过，在美国500家最大公司里担任最高职位的经理中，有五分之一毕业于这所学院。

美国哈佛商学院把《孙子兵法》列为必修课

哈佛商学院设置了十二门必修课和多门选修课。十二门必修课包括：管理经营战略与方针、管理控制、管理经济学、市场营销学、组织行为学、管理沟通、人力资源管理、生产与作业管理、财务管理、企业与政府及国际经济、经营管理模拟训练、怎样做好一个总经理。《孙子兵法》融入MBA

的战略课程中，哈佛商学院学子几乎没有不知道中国孙子的。

据介绍，哈佛商学院有大约200名教授，每年要吸收大约900名研究生，这些研究生全都具有工作经验。该学院把《孙子兵法》视作教科书，将其列为研究生的必修课，要学生研读和熟背《孙子兵法》。另外，商学院每年还为大约5000名公司企业的高级主管人员提供长则几个月、短则几天的在职培训，《孙子兵法》也作为必读教材。

哈佛商学院教授上课，讲得最多的是公司企业的案例分析。分析每大类案例前，都要讲述有关的理论知识，使学生可以在理论的指导下更深刻地理解那些战略性、概括性、实用性都较强的案例。按照哈佛教学法的精神，每个案例后都附有一些思考题，以训练读者的实战能力。而哈佛商学院的经典案例，大都与世界著名大企业成功应用《孙子兵法》有关。

美国《幸福》杂志调查显示，美国500家最大公司的高层管理人员中，有大约20%是哈佛商学院的毕业生。他们活跃在各公司的总裁、总经理、董事长等等显赫位置上。他们所经营和管理的公司，是全美甚至全世界声名卓著、资产雄厚、独霸一方的超级企业。从哈佛商学院走出的企业超人，都熟悉或精通《孙子兵法》。

哈佛学者研究孙子的大有人在。20世纪80年代，哈佛大学的托马斯·克利里重译了《孙子兵法》，由纽约道布尔德出版社出版，并列入美国"桑巴拉龙版丛书"之道家著作类。1999年，哈佛大学政府系教授Johnstan写了一篇题为《在美国的孙子研究》的文章，介绍美国社会研究和学习《孙子兵法》的情况。哈佛大学还有专门研究《孙子兵法》的经济学课程。

哈佛大学"竞争战略之父"迈克尔·波特是哈佛商学院著名教授，在1983年曾经担任当时美国总统里根的产业竞争委员会主席，开创了企业竞争战略理论，并引发了美国乃至世界的竞争力讨论。波特博士的竞争战略思想中蕴含了中国古代军事战略家孙武的《孙子兵法》的竞争战略观点。

哈佛大学教授约瑟夫·奈曾出任卡特政府助理国务卿、克林顿政府国家情报委员会主席和助理国防部长，他最早明确提出并阐述了"软实力"概念，这个概念随即成为冷战后使用频率极高的一个专有名词。约瑟夫·奈也认为软实力和孙子有关联。2008年，他在新书《领导的实力》中，就曾引用了孙子的话，讲述"战争就是政治的失败"。

哈佛教授成中国战略文化领军学者

“居安思危，有备无患”这种忧患意识是中国传统战略文化的中心思想，这个观点正好印证‘先戒’原则和‘先知’原则一样，在兵家思想中具有核心地位。”美国哈佛大学教授阿拉斯泰尔·约翰斯顿对《孙子兵法》等中国典籍很有研究，成为中国战略文化研究的西方领军学者。

阿拉斯泰尔·约翰斯顿，加拿大人，中文名字为江忆恩，加拿大多伦多大学国际关系和历史学士、美国哈佛大学东亚研究硕士、美国密歇根大学政治学博士。现为美国哈佛大学政府系教授，被誉为“当今美国新生代中最出色的中国问题专家”，是谙熟中国传统文化的世界知名学者。

1995年，江忆恩任哈佛大学助理教授时完成了对中国战略文化问题的研究，其博士论文《中国传统战略文化与大战略》由普林斯顿大学出版。这本书出版后反响很大，被认为是近来研究中国文化难得的一流之作。

该书以《武经七书》为楔子，从明朝永乐至万历年间对外用兵的有关奏折里，对“主战”和“主和”问题进行量化统计，总结出在中国的战略文化中，什么是最重要的，什么是次重要的。江忆恩认为，战略文化是一套宏观战略观念，其基本内容被国家决策者所认同，并据此建立起一个国家长期的战略趋向。

江忆恩选择了包括《孙子兵法》在内的《武经七书》进行论述分析，因为这些经书糅合了儒家、法家、道家和兵家的治国之道，可谓是中国古代哲学思想的正统；又因为明太祖提倡“军官子孙，讲读武书”，使之成为必读书目。

江忆恩表示，西方人一直有个印象，中国传统重视战略防御，崇尚有限战争。鉴于华夏文明的延续性，中国是论证是否存在战略文化和研究国家行为效应的最佳案例。为了保证战略文化的延续性，他认为在研究所选择的时间段里，决策者应当受到中国传统哲学经典和历史经验潜移默化的熏陶，唯有如此他们的战略选择才能体现出中国的战略文化。因此，兼顾到需要丰富的文献资料，他决定以明朝为中心进行研究。

有意思的是，江忆恩将西方现实政治学中的一个拉丁文名词“Parabellum”（要和平就得准备战争）译成中国成语“居安思危，有备无患”，并将这些汉字作为该书封皮的衬底，颇具有中西合璧的意味。

在1990年10月第二届“孙子兵法国际研讨会”上，江忆恩发表了题为《浅谈西方对中国传统战略思想的解释》的论文。他指出，西方著作中对中国传统战略思想认识不足，并提出了不同的见解。其论文开宗明义地声称，论述中国传统战略思想的西方著作多认为，中国古代军事思想均具有某些中国文化特征：偏重战略防御，崇尚有限战争或有节制地使用武力，低估“纯暴力”在解决安全问题中的作用。

谈及中国兵书上所说的“义战”和“权变”，江忆恩认为，“义战”消除了“有限战争”所强加在战争目的上的某些制约因素，而“权变”本质上是一种绝对的战略、战术灵活性的概念。“权变”也是一种决策规划，确定在面临某一特定战略形势之时，它不受任何在道义上或政治上等方面的条件制约，而是放手让人做出适当的选择。它特别适用于“义战”学说，因为它促使后者更加执着地找出和运用一切必要的手段摧毁不义之敌。

江忆恩指出，“不战而屈人之兵”的名言在中国兵书中被当作理想化的战略。中国古兵书对运用“纯暴力”并非完全反对，如《司马法》所说的“马车坚、甲兵利”、《尉缭子》所谓的“武”和“力”、《吴子》所强调的先发制人等，不是为了攻城略地，就是为了克敌制胜、稳固江山。关于中国兵法偏重诡道、谋略之说，江忆恩以为，《孙子兵法·计篇》在列出十二种诡道之后，接着说的是两种明显的战略，即“攻其无备，出其不意”。

值得一提的是，1991年，江忆恩又根据对《武经七书》的进一步研究，向中国孙子兵法研究会送交了对上述论文的修改稿，充实和丰富了原论文的观点和结论。

美国夏威夷大学教授略论孙文与孙武

记者踏上太平洋环抱的世界著名的旅游胜地夏威夷群岛，这里有一所普纳荷中学，先后走出了两位世界上著名的政治名人，一位是现任美国总统奥巴马，而另一位是孙中山先生，该学校因此成为世界上唯一同时培养了一个中国总统和一个美国总统的学校。

夏威夷大学哲学系教授安乐哲告诉记者，夏威夷把东西方的文化交织在一起，把南北半球的文明联结在一起，所以被人们称为“世界十字路口”的文化。夏威夷有华人血统的人口占了总人口的三分之一，因此，也传承了诸多中华文化元素。

安乐哲介绍说，夏威夷是孙中山受西方文化启蒙之地，也是他在中国以外生活时间最长的地方。檀香山曾在中国近代史上扮演过重要角色。孙

美国夏威夷大学

中山青年时代的革命活动是从檀香山开始的。1879年，年仅13岁的孙中山随母亲乘船渡海赴夏威夷探亲，寄于做生意的大哥孙眉门下。同年进入檀香山市依奥兰尼书院念书，后升入檀香山市当年唯一的最高学府普纳荷。

记者来到檀香山孙中山公园，但见孙中山铜像基座的上层是中国固有的政治哲学，铭记着格物、致知、诚意、正心、修身、齐家、治国、平天下的理念；中层镌刻有孙中山先生的手迹“天下为公”、三民主义的内涵、《兴中会章程》等阐明孙中山先生思想精粹以及铜像志的内容；下层是忠孝仁爱、信义和平，昭示着中国固有的文化道德。

担任过10年夏威夷大学中国研究中心主任、曾在东西方文化中心任职的安乐哲认为，这设计理念，体现了孙中山先生的思想从酝酿到成熟都来自深厚的中华文化，是中国人吸取民族文化的思想精髓。同时，也体现了中国传统文化与西方文化的和谐交融，孙中山先生在这里沐浴了西方文化的阳光雨露，萌发了拯救同胞、富国强民的理想，在这里擎起了反清革命旗帜，创建了第一个革命组织，他的很多革命思想正是在这里形成的。

1883年17岁的孙中山回到广东家乡，尔后，他以夏威夷为革命基地，先后到过檀香山六次，合计逗留的时间长达七年之久。其中第三次赴檀成立兴中会；第五次赴檀成立中华革命军；第六次赴檀，把中华革命军改为檀香山同盟会。可以说，孙中山最早有组织的救国救民革命活动始于檀香山，孙中山提出“驱逐鞑虏，恢复中华”口号的所在地也是檀香山，檀香山成为辛亥革命的发源地之一。

安乐哲教授对记者说，孙中山本名孙文，与其祖先“兵圣”孙武二人，文武之道，一张一弛，很有意思。作为孙武后裔的孙中山，曾多次研读《孙子兵法》，他领导辛亥革命推翻清朝，吸取了中国兵家文化的精华，并在革命实践中成功运用了《孙子兵法》。他说：“就中国历史来考究，两千多年的兵书，有十三篇，那十三篇兵书，便成了中国的军事哲学。”

孙中山先生革命的一生和《孙子兵法》结下了不解之缘，他的许多理论与孙子有许多共同之处，如“以退为进”、“善于造势”、“变中取胜”等，他的革命思想和革命活动闪烁着孙子哲学思想的光辉。哲学教授安乐哲如此说。

被商业科技重重包围的斯坦福大学

耐克创始人菲尔奈特、惠普公司创始人之一威廉·休利特、雅虎创办人之一杨致远、Google创办人之一拉里·佩奇、香港汇贤智库的政策发展总监陈岳鹏、华人第一首富李嘉诚长子李泽钜、台积电董事长张忠谋……被科技集团与企业重重包围的斯坦福大学，培养了一大批全球知名的商界领袖。

靠近旧金山的斯坦福大学是美国的一所私立大学，被公认为世界上最杰出的大学之一。根据美国《福布斯》杂志2010年盘点的美国培养亿万富翁最多的大学，斯坦福大学名列第二，亿万富翁数量达到28位，仅次于哈佛大学。美国《福布斯》杂志2013年公布全美大学排名，斯坦福大学名列前茅。

“我们学校被视作‘西岸的哈佛大学’，源于周边有个‘硅谷’。”斯坦福大学的大学生在与记者交流时说，当年学校1000英亩地以极低廉、象征性的地租，长期租给工商业界设立公司，建立了美国首家在校园内的工业园区。随着工业园区内企业一家接一家地开张，形成美国加州科技尖端、精英云集的“硅谷”。

斯坦福大学生自豪地说，从这里走出的毕业生们创造了世界众多一流企业，以及数以百计的美国知名上市公司，为人类文明、科学技术进步、世界政治经济和现代商业发展做出了极其卓越的贡献。

大学生告诉记者，该大学本科设有中文、古典文学、亚洲/东方研究，本科专业设有哲学与文学、经济学、管理学，研究生设有胡佛战争、革命与和平研究所、国际问题研究中心，特色学院设有商学院。这些专业大都与中国传统哲学、战略学、管理学有关。斯坦福大学亚洲语言文化系经典演讲题目是《人生老庄哲学，事业孙子兵法》。

美国斯坦福大学

斯坦福大学商学院与哈佛大学商学院一起，多次在美国权威杂志的商学院排名中并列第一，为美国顶尖商学院。斯坦福大学商学院的使命是：钻研拓展工商管理理论，培养敢于创新、坚持原则、善于洞察的改造世界的领袖。而商界领袖离不开被誉为全球经商宝典的《孙子兵法》。

斯坦福大学设有30个图书馆，藏有超过670万本书籍及4万多本期刊，其中东亚图书馆以及大学图书馆系统的亚洲典藏收藏了各种版本的《孙子兵法》，而孙子与商业管理的书籍最受大学生的欢迎。斯坦福大学许多学生都研读过《道德经》《庄子》《孙子兵法》等中国古代经典。

哈佛商学院代表比较传统的经营管理培训，培养的是“西装革履式”的大企业管理人才；而斯坦福商学院则更强调开创新科技新企业的“小企业精神”，培养的是“穿T恤衫”的新一代小企业家。孙子“变中取胜”等智慧使他们知道在毕业后会面临什么样的商业世界，并有足够的才智来应付20年以后变化了的商业世界。斯坦福学子如是说。

斯坦福大学位于加利福尼亚州，由于定居于此的亚裔人士很多，人们对于新观念的接受程度显然也较其他的美国各州来得强。曾经有人这么比喻加州，说加州仿佛位于东西两股文化势力冲突的版块上；然而也正是因为异文化的冲击，造成加州有别于其他美国城市的都会美感。斯坦福大学把非西方社会作家的作品加入到它全年的“西方文化和人”教纲中，引起了学术界的关注和震动。

斯坦福大学亚太研究中心已成为著名防务智库，这里的研究员既有前政府要员，如前国防部部长佩里，也有教授、研究员，还有来自亚太各国的访问学者，他们曾仔细观摩中国电视剧《亮剑》《火蓝刀锋》，研究中国指挥官的超常规思维和兵法特点。他们认为，中国军队那种灵活机智的战略战术、不讲常规的作战方式，是西方军队所不具备的，也是西方军队难以招架的。

斯坦福大学胡佛研究所为世界上最大的政治、经济和社会变化史料文献收藏地之一，美国前国务卿赖斯来自该研究所。这里拥有160万册藏书、6万多个微缩影片文件、4300类约4000万件档案和25000多种期刊，供学者研究调用。创立该研究所的目的在于收集与第一次世界大战的形成和发展有关的历史资料和文件，研究和收藏主要围绕在战争、革命与和平这三个主题。

该研究所创办人胡佛毕业于斯坦福大学，在中国生活了15年，是一位中国通。他当了8年的美国商业部长，当选为美国第31任总统。在华期间他有计划地收集600多册中国图书，在这些图书中有不少包括《孙子兵法》在内的中国典籍的珍稀版本。目前这个民间研究机构已成为美国白宫研究亚洲及中国问题的权威咨询机构，现在美国参众两院，凡涉及中国的问题，都要来咨询胡佛研究所。

哥大成美国商学院“大哥大”

“欧元之父”罗伯特·蒙代尔，“价值投资学派”的创始人、现代证券分析之父、被誉为“华尔街院长”的本杰明·格雷厄姆，世界银行前首席经济学家斯蒂格利茨，“现代宏观经济学的缔造者”费尔普斯，美国计量经济学先驱亨利·舒尔兹，美国著名股票投资专家沃伦·巴菲特……哥伦比亚大学在与记者交谈该大学的商业奇才时，如数家珍，充满自豪。

位于美国纽约市曼哈顿的哥伦比亚大学，简称哥大，与华尔街、联合国总部和百老汇比邻，因美国独立战争后为纪念发现美洲大陆的哥伦布而更名，校友和教授中共有87人获得过诺贝尔奖，包括奥巴马在内的三位美国总统是该校的毕业生。

哥大学生告诉记者，该大学正在成为名副其实的美国商学院的“大哥大”，这与所处的地理位置有很大的关系。哥大坐落于世界金融中心纽约，依托与华尔街等金融界保持密切的联系，许多全球性企业围在周边的独特优势，学生可以和华尔街的银行家共进午餐，商学院的主攻方向当然是金融与经济、企业管理及市场营销等研究领域。

商学院拥有各相关领域的权威和专家，哥大学生说，其中斯蒂格利兹教授在2001年获得诺贝尔经济学奖，并在1995年至1997年期间担任克林顿政府总统智囊团顾问。现任商学院院长格伦·哈伯德是国际知名的经济学家，拥有哈佛大学的经济学博士学位，曾任布什政府总统经济顾问委员会主席、首席顾问。在《美国新闻与世界报道》两年一次和《商业周刊》年度的商学院排名中，哥伦比亚大学商学院一直名列前茅。

哥大学生介绍说，哥伦比亚大学商学院高级管理人员培训教育，始终保持在《金融时报》等调查中排名前茅。自1951年起至今，培养了全球100多个国家1000多个企业公司超过48000名高级管理人员。负责培训的商学院副院长Ethan Hanabury在接受《商业周刊》采访时谈道："哥伦比亚大学高级管理人员培训教育，尤其在价值投资和金融方向是该领域的权威，始终保持领导者的地位。"

哥大商业学院取得成功，自然离不开被誉为全球商业宝典的《孙子兵法》。记者在哥伦比亚大学图书馆了解到，这里总藏书量达870万册，并且收集有微缩胶片600万套、2600万种手稿，以及60万册善本书、20万份官方文件，还有中国族谱、家谱、谱牒约950种，甚至县志都可以找到，是中国的图书馆以外收集中国资料最丰富的图书馆。该大学还设有23座分馆，每个分馆都各具特色，其中东亚图书馆中有《孙子兵法》等各样的中文书籍。

哥大东亚研究所研究员赵云龙，曾经担任联合国全球青年领袖培训项目总负责人、联合国货币发展委员会执行主席，现任联合国经济发展委员会执行主席、联合国货币委员会主席，最喜欢研读和讲解《孙子兵法》。他曾在哈佛大学商学院和哥伦比亚大学多次讲授《孙子兵法》，并且在美国西点军校交流过兵法。他出版有《云龙讲兵法》系列光盘，颇为畅销。

"中华民族古典军事思想如何传承，现代人如何养成大智慧，如何用战略思想在商战中取胜"，成为赵云龙研究的主题并努力在实战中探索。赵云龙认为，战争是人类竞争的最高层次，如果能体会战争中的斗智斗勇，必然是攻无不克的。兵法是一种增强个人修养、智慧的哲学，现代企业的经营、管理与古代的哲学思想有着密不可分的关系。

哥大学生对记者说，哥大商业学院把《孙子兵法》融入MBA的课程中，要求学生熟读此书，并列为未来经理人员的必读书，要求背诵其中的部分章节。因此，从哥大走出的商业奇才们都懂《孙子兵法》，具有发现和捕捉商机的能力，而这正是全球商界领袖的重要特质。

美国哥伦比亚大学

麻省理工学院培养全球顶尖首席执行官

麻省理工学院无论是在美国还是全世界都有非常重要的影响力，培养了众多对世界产生重大影响的人士，尤其培养了许多全球顶尖首席执行官，是全球高科技和高等研究的先驱领导大学，被誉为“世界理工大学之最”。

麻省理工学院的自然及工程科学在世界上享有极佳的盛誉，其管理学、经济学、哲学也同样蜚声海外。该商学院以艾尔弗雷德·P. 斯隆命名，他曾经是通用汽车公司的总裁。斯隆商学院时至今日仍为全球居于领先地位的商学院之一，专精于金融、企业、市场行销、策略管理、经济学、组织行为、工业关系、营运管理、供应链管理、资讯科技等的教学和研究。

1931年，麻省理工学院斯隆商学院创立了全美第一个企业高级管理人员的全时培训计划。从那以后，在职管理人员的培训也成为这所商学院的重要组成部分。斯隆商学院为90多个国家培养了16000多名人才，其中50%的人是高级管理人员，20%的人是公司企业总裁，另外还有650多人创办了自己的公司。美国著名大公司惠普电脑公司、波音飞机公司和花旗银行的总裁都是从这所商学院毕业，毕业生们遍布于美国的各个公司。

据介绍，MIT斯隆商学院的MBA项目在世界范围内享有盛誉，尤以创业课程和创业文化著称。近数十年兴起的供应链管理专业也是麻省理工的强项，已多年在全美排名第一，该院和世界五百强公司建立了良好的合作关系。麻省理工学院开设有关《孙子兵法》的课程，专供企管研究所在职高级管理人员进行MBA课程研修。

斯隆管理学院拥有许多顶尖的学术课程，包括创新与全球领导课程的斯隆院士计划、制造业领袖课程、大学生管理科学课程与博士课程。此外，这里还提供一系列不授予学位的经理人进修课程。《孙子兵法》不仅是世界级的兵学圣典，而且还是一部智慧无穷的哲学著作，它作为斯隆管理学院经理人教案，深受学员欢迎。

现在，麻省理工学院斯隆商学院每年招收大约100名公司企业的高级管理人员，提供为期一年的密集培训计划。另外还有大量长则几个月、短则几天的短期培训计划。对于现代商战的主体企业家来说，对智慧的要求更高，而《孙子兵法》恰能为其提供不竭的智慧源泉。

清华大学经济管理学院教授、博士后金占明，1996年赴美国麻省理工学院（MIT）进修，主要研究战略管理理论、电子商务环境下的战略选择、军事战略与企业竞争、收购与兼并、战略管理过程中的领导与控制等。回国后为近百家中外企业讲授《孙子兵法》与跨国公司的战略管理等课程，重点讲解战略分析、战略选择和战略实施这三大战略管理的核心和灵魂。

应邀在美国麻省理工学院MIT做访问学者达五年之久的姚奎鸿教授，根据斯隆管理学院的案例，对《孙子兵法与现代商战论》一书提供了具体指导和帮助。麻省理工学院斯隆商学院高级访问学者郎立君，回国后任清华大学经管学院副教授，他为清华EMBA讲授“智道·人道·商道——战略领先之道”专题讲座，融入了《孙子兵法》的“道天将地法”。

彼得·圣吉是麻省理工学院（MIT）斯隆管理学院资深教授，国际组织学习协会（SOL）创始人、主席、十大管理大师之一。他出版的《第五项修炼》一书，推动人们刻苦修炼，学习和掌握新的系统思维方法，连续三年荣登全美最畅销书榜首，成为“21世纪的管理圣经”，他本人也被评为20世纪对商业战略影响最大的24个伟大人物之一。他的第五项修炼融入了《孙子兵法》的战略思维。

麻省理工学院经济学博士马丁·魏茨曼教授是全球最有影响力的经济学家之一。他认为，《孙子兵法》虽是军事著作，却也为如战场般的商场提供现代经济的运行方式，并直接在厂商层次上应用。《孙子兵法》折射出的光芒，其影响历久弥深，成为企业商业等领域地位崇高的宝典。

美国普林斯顿大学走出博弈论大师

方形城堡、圆形城堡、角楼城堡、营钟楼、单驾战车楼、沼泽战场楼……位于美国新泽西州的普林斯顿大学，像个庞大的欧洲古城堡，而东派恩楼则更像一座四方城堡，敞开着古老的城门。把普林斯顿大学建成古城堡，这或许与战争有关。

美国独立战争期间，该大学许多建筑都被大规模地损坏。1777年1月3日，乔治·华盛顿的北美大陆军出其不意地向普林斯顿的查尔斯·玛沃德带领的英国和黑森军队进攻获胜，普林斯顿大学第六任校长谢勺博士成为《独立宣言》的签署者之一。战后，普林斯顿大学按歌德复兴风格重建。

普林斯顿大学走出了博弈论大师约翰·福布斯·纳什，他的博弈理论被广泛应用于经济学、管理学、社会学、政治学和军事科学等领域，从而确立了他博弈论大师的地位。纳什博弈论论文集在亚马逊成为畅销图书，美国准将格里菲思翻译的《孙子兵法》也曾连续数月雄踞亚马逊排行榜第一名，而亚马逊网站创始人杰夫·贝佐斯同样是从普林斯顿大学走出的。

美国杜克大学和加州理工学院学者用博弈论来解读《孙子兵法》，为孙子思想与博弈论作了生动说明。他们认为，2500多年前中国学者孙武在其所著的《孙子兵法》中，试图对战争与冲突中的普遍性策略特点进行系统解释，并据此就如何在军事冲突中获胜提出实际建议。孙子的智谋极大地影响了日本军事和商业实践，也影响了毛泽东对冲突和革命的看法。

西方学者表示，孙子思想与博弈论其实是同出一脉，《孙子兵法》甚至可以称得上是最早的博弈论了。而与西方重于数理逻辑推理不同的是，《孙子兵法》不仅具有严密的逻辑性，还具有非常广泛、独特的哲学思想。这些思想是西方纯粹理论所不具备的，而且具有非常强的指导性。《孙子兵法》具有当代意义，其中的许多思想在今天依然充满了生命力。

美国普林斯顿大学

普林斯顿大学最为骄傲的莫过于走出了相对论大师爱因斯坦，他创立了代表现代科学的相对论，开创了现代科学新纪元。相对论颠覆了人类对宇宙和自然的“常识性”观念，提出了“时间和空间的相对性”、“四维时空”、“弯曲空间”等全新的概念。而战争的时间和空间也从来都是相对的。攻守之道，虚实之道，奇正之道，胜败之道，相辅相成。历史不断在战争与和平中发展，战争没有真正的赢家。

爱因斯坦为核能开发奠定了理论基础。随着核武器的发展，不论谁先发动核战争，都无法逃脱遭受核反击的命运，在一场核大战后，将不再有胜利者或失败者，结局将是共同毁灭。在这种核恐怖下，谁都尽力维持均势，避免引发核战争，从而形成所谓“核恐怖平衡”的局面。而最完美的战略，就是孙子“不战而屈人之兵，善之善者也”。随着原子弹的爆炸，全世界对孙子的“不战”思想有了全新的认识。

普林斯顿大学有威尔逊公共和国际事务学院，是为永久纪念威尔逊这位老校长以其名字命名的。威尔逊总统46岁出任普林斯顿大学校长，并发表学术专著《美国人民史》，被公认为美国史上学术成就最高的总统。他从学术教育角度，第一次提出理想主义政治，与欧洲列强武力解决问题的传统针锋相对。理想主义政治概括起来，不外乎四点：一、人性可以改造；二、战争可以避免；三、利益可以调和；四、建立国际组织，保卫世界和平。

威尔逊的论点在当年是具有颠覆性的，他首次否认大国扩张军力的历史，他在竞选时打出了“让我们远离战争”的口号，在第一次世界大战的最后阶段，威尔逊亲自主导了对德交涉和协定停火，发表了十四点和平原则，从中阐述了他所认为的能够避免世界再遭战火的新世界秩序。威尔逊在一战结束后促成了国际联盟，在第二次世界大战后造就了联合国，被授予诺贝尔和平奖。

有意思的是，普林斯顿大学还走出了“普林斯顿战术”发明者皮特·卡瑞尔，他曾用这种打法率领普林斯顿大学这样一所没有一名学生享受体育奖学金的学校，在NCAA获得500胜，并创造了14次失分最低纪录。

“普林斯顿战术”的格言就是“强壮能占弱小的便宜，而聪明能占强壮的便宜”，体现了《孙子兵法》“以弱示强”的思想。这种强调运动和开放的灵活战术思想，使弱者拥有了与强队抗衡的实力，它已经被不断证明可以抵消对方队员强大的个人能力。皮特·卡里尔出过一本自传，书名叫《聪明人战胜强人》。

耶鲁大学领袖教育推出孙子“大战略”

2012年，耶鲁大学为全球青年学者开设“寻找年轻的全球领导者”项目的消息吸引眼球，该项目面向全美国以及全世界的高中生，入选该项目的学生将在2013年暑期获得到耶鲁大学为期两周的学习、生活机会。耶鲁大学曾两次为中国14所顶尖大学的校长及副校长提供培训，还培训了一批级别最高的副部级中国官员。

耶鲁素有“总统摇篮”之称。300多年来，这所高校走出了大批影响美国乃至世界历史进程的风云人物，在政治、经济、科学、文化、法律等几乎所有领域，都能找到毕业于耶鲁的顶尖人物。

截至目前，耶鲁已经培养了五位美国总统，其中最近的三位是布什父子

美国耶鲁大学

和克林顿。除了总统之外，它还培养了众多美国政坛上有影响的领袖人物，如美国前国务卿希拉里·克林顿、美国副总统切尼等。耶鲁毕业生中，有52人在美国政府内阁任过职，533人当过美国国会议员，创造了一个政坛的奇迹。

耶鲁还建立了美国金融帝国的基础，所培养的美国大公司的领袖人物比其他任何大学都多。在可口可乐、TIME、IBM、联邦快递、宝洁、高盛公司、摩根集团等世界著名大公司担任总裁或者首席执行官的耶鲁毕业生更是不计其数。

“领袖教育”是耶鲁大学的拳头产品。从挑选学生开始，领导才能和潜力就被作为重要的标准；在大学教育中，领导学和领导艺术也总是被优先考量。《耶鲁领袖训练大讲义》分个人魅力、号召力、影响力、领导力、决策力、执行力、控制力七个方面训练，都蕴含了孙子的智慧与谋略。《孙子兵法》是领袖必读之经典，为将五德“智、信、严、仁、勇”，概括了作为一个将军、一个领袖的核心素质和心智能力。

耶鲁大学把《孙子兵法》列入高级管理战略课程，开出一门大课，叫作“大战略”，这是持续一年长的课程，是一种非常综合型的训练。课程讲到《孙子兵法》、管子经济、古希腊策略等等，作为“领袖教育”的一个重要内容，目的是培养未来的领导人如何用长远的、大战略的视野来观察与思考问题。

“大战略”特别小组由三位研究战略最出色的教授轮流讲，其中一位是耶鲁大学国际安全战略研究中心主任保罗·肯尼迪，被称为20余年来最享盛名的国际关系史和战略史学家。他所著的《大国的兴衰》一书曾震惊世界，他的历史研究所获得的结论可以说是与孙子所见不谋而合，他主持的“大战略”特别课程涉及中国的《孙子兵法》。

美国前国务卿基辛格博士将向耶鲁大学捐赠近100万件文档和物品，并与耶鲁的“大战略”项目合作。基辛格在美国出版发行的新书《论中国》，从围棋文化、《孙子兵法》《三国演义》中，探寻中国领导人的战略思维模式。从耶鲁大学哲学系走出的博士傅佩荣，对中国传统文化与领导力颇有研究，他主讲《孙子兵法》领导处世智慧、老庄智慧、向孔子问道、向老子问道、周易与人生、易经64卦财运掌控篇、经营管理篇等，成为耶鲁“领袖教育”的延伸品牌。

澳洲国立大学教授翻译《孙子兵法》最受欢迎

“《孙子兵法》是中国最重要的书籍之一，它的观点已经渗透到中国文化的方方面面。”澳大利亚国立大学闵福德教授表示说，以他个人翻译过的作品为例，其中《孙子兵法》最受欢迎。

闵福德是英国著名汉学家、学者，才华横溢的文学翻译家。他生于伯明翰一个外交世家，少年时就向往中国文化，他认为汉语的文字、结构举世无双，唐诗宋词的优美典雅令人心醉。他曾在中国和新西兰的大学任教，担任过奥克兰大学中文系主任，澳大利国立大学中韩研究中心主任、亚洲研究项目成员。闵教授目前开设的中国文学和翻译课吸引了众多澳大利亚的学生。

闵教授是将中国古典名著《红楼梦》介绍给西方的先行者。其岳父霍克思也是著名的汉学家、翻译家，二人合译《红楼梦》，前八十回由霍克思负责，后四十回则由闵福德负责，成为至今仅有的两个《红楼梦》英文全译本之一，经企鹅集团推出后即好评如潮，译本文字精确优美，曲尽其妙，诗词、谜语的翻译也境界全出，被誉为完美体现了翻译“信达雅”原则。

闵教授还率先把金庸武侠小说《鹿鼎记》翻译成英文，由牛津大学出版社出版，让英语世界的读者也可看到韦小宝玩世不恭的人生哲学，受到英国学界的一致好评，金庸也因此荣获英国剑桥大学荣誉文学博士学位。这位素有“金庸兵法”之美誉的武侠小说大家，在《鹿鼎记》中一再提及的“知彼知己，百战不殆”，是《孙子兵法》中的警句。有学者称，用金庸小说可注解《孙子兵法》，这或许是闵福德翻译世界第一兵书的前兆。

事实上，闵教授最得意之作是将《孙子兵法》介绍给西方读者。他底本的选择和注释部分所采用的是广为流传的《十一家注孙子》，然而有时他也采信其他学者所做的校订，如参考大英博物馆东方藏书手稿部助理部长翟林奈的译文、美国夏威夷大学安乐哲教授的译本，及美国海军陆战队格里菲思准将的译本。

在翻译《孙子兵法》时，闵福德也遵循了与岳父合译《红楼梦》的经验，参阅银雀山的汉简。1972中国山东临沂银雀山1号汉墓出土的文献结束了几千年来关于《孙子兵法》著作权的争论，也为翻译提供了珍贵的一手研究材料。有学者评价，闵福德对底本的选择，不仅体现出他认真细致的学术态度，也反映了他敏锐的眼光。

闵福德《孙子兵法》译本的内容包括导论、文本注释、拓展阅读建议、中国注家列表、年代表、朝代表、重要历史事件、十三篇英译文及相关注家的评论注释。美国前国务卿基辛格在书中曾引用了闵福德对一句孙子名言的翻译：是故百战百胜，非善之善者也；不战而屈人之兵，善之善者也。

闵福德新的翻译计划还有与《孙子兵法》有相通之处的《易经》。谈到这部中国典籍，闵福德表示，这是一部好书，是中国最古老的经典，它讲求和谐，注重减少冲突，读了让人更有智慧，能给当今世界很大的启发。

澳洲国立大学

加拿大皇家科学院士的“重智色彩”

记者来到蒙特利尔肯高迪亚大学访问了加拿大皇家科学院院士孙靖夷。今年71岁的孙武后裔、华裔科学家长温文尔雅，眉宇间飞扬着睿智的神采。他的办公桌上放着三本《孙子兵法》，一本是美国纽约出版的，另一本是英国牛津大学出版的，还有一本是中国台湾出版的。

“2013年5月，我刚和夫人去过《孙子兵法》诞生地苏州，祭拜了孙武墓，考察了其当年撰写传之后世的兵学圣典的穹窿山茅蓬坞，了却了几十年的夙愿。”孙靖夷对记者说，作为孙武的后裔，他对这位2500多年前的老祖宗很崇拜。孙子是大智大慧人，孙子十三篇中“智”字出现了72次之多，充满了“重智色彩”，成为全世界的智慧宝库，他为之感到骄傲。

出生于广东中山县的孙靖夷教授，其传奇人生也充满了孙子的“重智色彩”。他六岁去了香港，1968年从香港大学电机电子工程系硕士毕业，1972年获加拿大哥伦比亚大学博士学位。他担任过本校计算器科学系主任、工程与计算器科学研究院副院长，是国际知名的华裔电脑专家和语音学专家。1986年获美国电子学院院士称号，1994年获国际模式识别学会院士称号，1995年获加拿大皇家科学院院士称号。

孙教授陪同记者参观了他的几个实验室，他指导的博士生来自世界各国，博士生论文集摆满了整个柜子。来自伊朗和阿拉伯的两位女博士正在接受他的指导，见到导师都毕恭毕敬。孙靖夷从任职助理教授到终身教授40年多来，共培养和指导了硕士研究生50余名、博士生30名、访问学者80名，还有一大批本科生。孙靖夷认为，要使他们成为计算机领域的成功者，首先要成为一个高智商的“智者”。

孙靖夷还担任模式识别和机器智能研究中心主任、模式识别杂志社主编、国际模式识协会（IAPR）顾问委员会成员、国际模式识别会议

（ICPR）咨询委员会委员和中国科学院模式识别实验室咨询委员会成员等职务。他应邀在包括中国在内的多国科研机构和大学开讲座、搞科研、任兼职教授；发表文章500余篇，出版著作11部，文献被引用1000多次，是被引用频率最高的科学家之一；曾参与创建了“国际中文计算器学会”，组织召开了多次国际学术会议。

孙靖夷告诉记者，他研究的课题是在所有信息都不复存在的情况下如何去进行识别，而不是一横一竖在电脑里全能捕捉到的，因此远比人们想象的要难得多，有的可能是史无前例的。孙子将才的标准把“智”放在第一位，高科技的竞争说到底是智慧与智能的竞争，这在计算机领域表现得尤为突出。

孙靖夷首创了盲人阅读机器。这是一台能发出声音的机器，解决了盲人阅读问题，为计算机领域开创了一条新的路径。尔后，又发展到软件识别手书体，他的学生们开发的软件可以识别法文、中文、阿拉伯文、波斯文等十几种文字；从文字识别再发展到模式识别，像卫星拍摄的地球表面通过模式识别，可以确认哪个是道路桥梁，哪个是军事设施；目前纳入孙教授研究计划的还包括对图像的识别。

在孙靖夷看来，再先进的电脑，也离不开人脑。孙子最重视的是计算，故把“始计”作为开篇。因此，作为华裔计算机专家，要靠中国人的聪明才智。1979年他发明了一套新的汉语国音系统，在瑞士出版了第一本关于计算机识别汉字的专著。为揭示汉字语音规律，1986年他又出版了一部专著。世界上研究汉语的人很多，但像孙教授这样对汉语进行全方位的解剖分析，之前还没有过。

加拿大皇家院士孙靖夷

孙教授说，全世界近视眼出

现的频率非常高，而中国又是世界上近视率最高的国家，13亿人口中有4亿近视眼。为减少人类的近视率，我们正在对不同的印刷字体进行研究，试图找出比较容易阅读且能缓解眼睛疲劳的字体。目前，孙靖夷研究的项目已经和中国的方正公司有了合作意向，准备设计出更加优化的字体。这项研究在中国尚属首次。

孙靖夷在他儿子的家里放了《孙子与智慧人生》《孙子与企业管理》等六本孙子书籍。在与这位孙武后裔和知名华裔科学家一天的交流中，记者分明感到，《孙子兵法》这部千古智慧之书，不仅适用于现代战争，也适用于包括科技领域、社会生活领域在内的各个领域。它能穿透人类的智慧，梳理人们的心智，开发人们的智能。读懂和应用孙子的大智大慧，人生将会更加精彩。

墨西哥国立自治大学弘扬中国兵法

记者来到墨西哥国立自治大学，这是墨西哥规模最大、历史最悠久的大学，也是拉丁美洲最大的高等学府，仅学生就有31万人，在世界上有着很大影响。其汉语教学更以开展时间最早、学生人数最多、教学质量最佳而声誉卓著。作为中墨友好的见证，自1972年两国建交后不久，中国便根据双方政府文化协议，向该校派遣了汉语教师。

墨西哥国立自治大学图书馆是一幢10层高的大楼，整幢大楼外壁绘有墨西哥最大的壁画，全部用一厘米见方的彩色马赛克拼接而成，也是世界文化遗产的一个部分。图书馆的管理员对记者说，该图书馆汉语书籍很多，中国古代典籍也很丰富，中文系的学生经常来借阅。说着，她在电脑上查到图书馆里各种版本的《孙子兵法》和与中国兵家文化相关的书籍达1000多本。

新华人刘小姐是广东人，曾在墨西哥国立自治大学就读，她一边陪同记者参观，一边介绍说，墨西哥国立自治大学对中国文化很热衷，2009年，该大学中墨研究中心举办题为"中国和墨西哥走向对话"的国际研讨会；2010年，中国三军仪仗队队员与墨西哥国立自治大学中文系的大学生进行交流，中国军人的素质和风貌也给大学生们留下深刻印象；2012年，"汉语桥"世界大学生中文比赛预赛在墨西哥国立自治大学举行。

刘小姐告诉记者，墨西哥国立自治大学中墨研究中心主任恩里克·杜塞尔对中国文化很钟情，他说，中国传统文化越来越受墨西哥人的喜爱，中国的影响力越来越大，中国作用也越来越重要，墨西哥已把发展对华关系置于最为优先的位置。

墨西哥国立自治大学孔子学院五年间共培养了超过3900名学生，全部是墨西哥人，他们几乎全都是中国文化的爱好者，有的是武术教练，甚至一些学生的全家都为中国文化着迷。该学院举办了数百场文化推广活动，开展中国文化培训，包括中国兵家文化的电影展映、文艺表演、诗词书画、中医讲座、武术太极，让墨西哥观众们体会到了中国文化的博大精深，扩大了中国文化在墨西哥的传播和影响。

在墨西哥国立自治大学孔子学院图书馆，《孙子兵法》等中国兵家文化书籍受到墨西哥人的喜爱。中国驻墨西哥大使曾钢说，孔子学院图书馆的启用，为关心中国语言和文化的墨西哥朋友提供了一个很好的平台，大家可以通过阅读这里的书籍，了解中国古老的哲学思想，一脉相承的文化和中国人的思维方式，对于中墨两国人民之间的相互了解起到促进作用。

1968年，第19届夏季奥运会在该大学城奥林匹克体育场举办，这是史上“最高”的奥运会——奥运会第一次在海拔高度为2300米的地方举行。这里的空气含氧量较平地要少30%。稀薄的空气对许多参加耐力项目的选手们来说无疑是一场严峻的考验。本届奥运会不仅所破纪录质量高，而且个别项目创造了新高。美国选手迪克·福斯贝利以他独特的起跳方式“背越式跳高”实现了真正意义的“跳高革命”，演绎了《孙子兵法》“居高临下，势如破竹”的场景。

墨西哥国立自治大学体育馆用五彩缤纷的马赛克浮雕修饰外墙，象征国家、和平、大学和体育。从墨西哥国立自治大学走出著名足球明星乌戈·桑切斯·马尔克斯、网球球星埃莱娜·苏比拉茨，他们都崇拜中国的孙子。墨西哥国立自治大学美洲豹队通晓《孙子兵法》，曾十次杀入世界杯决赛圈。1986年世界杯赛墨西哥在米卢的带领下，史无前例打入八强，奠定了该国足球在中北美地区的霸主地位。

墨西哥国立自治大学学生爱读《孙子兵法》

第三章　孔子学院

众多孔子学院讲授《孙子兵法》

中国在海外设立“孔子学院”以孔子名之，具有代表性和象征性。然而，把“孔子学院”定位在汉语教学似乎太低，应该让老外能够真正从“孔子学院”得到想探索的东西。世界有学习了解中国的大量需求，“孔子学院”应传播弘扬中华文明。半部论语可以治天下，五千言老子可窥自然规律，孙子兵法不但能用以指挥战争，而且能用来管理公司、推广市场、面对竞争。

海外学者惊叹，《孙子兵法》是中国智慧之奇葩，其内容奥妙深邃，其风格清新隽永，其内涵博大精深，其语言字字珠玑，令其历经2500年仍绵绵不竭、熠熠生辉，实为前无古人后无来者之罕世之作，乃孔子学院之经典也。孔子学院学孔子、孟子、老子、庄子，也读孙子，从中领悟和汲取优良的中国传统文化之精髓。

伦敦商务孔子学院传授《孙子兵法》

记者在亚洲国家和地区采访时发现，亚洲许多孔子学院都在讲授《孙子兵法》。亚洲许多企业老板都对《孙子兵法》《易经》等感兴趣，他们认为，全球纷纷建立孔子学院，很显然，包括儒家学说、兵家文化在内的中国诸子百家的传统文化将在21世纪普受欢迎。

新加坡南洋理工大孔子学院

传授《孙子兵法》，该学院院长许福吉认为，中华文化博大精深，它不限于儒家，《孙子兵法》也是中华文化的一部分，里面的很多故事，学生在学了之后，可能会把它应用到生活上去，实践到生活上去，这就是中华文化所具备的一种功能。

蒙古国孔子学院先后将中国传统经典《孙子兵法》等译成蒙文并出版，《孙子兵法》已成为必修课。泰国曼谷孔子学院把孔子、老子、庄子、孙子等中国古代的思想都列入教学课程。泰国孔敬大学孔子学院图书及音像资料，有《孙子兵法》《孙膑兵法》及汉英对照《孙子兵法》光盘。

孔子第78代子孙孔维勤在台北成立台湾孔子学院，在孔维勤的规划中，包括中国传统经典教育等课程。孔维勤表示，传统经典教育主要针对大人，依不同的情境设置不同的课程，讲授《老子》《庄子》《孙子兵法》《三国演义》等课程的教学。

台湾作家白先勇说，孔子学院在全球遍地开花，人们不仅因为中国的日益强大而争相学习中国语言，更重要的是要学习中国传统文化和和谐理念，用来解决其各种内外问题。而要学好中国传统文化，《易经》《孙子兵法》等书不可不读。

印尼一位华侨告诉记者，中国传统文化博大精深，占主流的是儒家思想，但其实在中国传统文化里，《孙子兵法》对世界影响最大。孔子学院要建，孙子兵法也要读，太极健身也要练。缅甸出租车司机对记者说，他和伙伴们每周两次自费去学习"中国功夫"，希望成立的孔子学院里能设置武术专业，学习《孙子兵法》《三国演绎》《水浒传》等中国古典名作。

《亚洲周刊》总编辑邱立本认为，《论语》《孙子兵法》《三国演绎》等优秀传统文化精髓信手拈来，显示了中华文化是很强的"软实力"。孔子学院除了输出汉语教学、太极拳等老祖宗的东西外，还要将老祖宗留下的中华文化重新整理，创造性转化为让世人共享的大智大慧，这才是最重要的。《孙子兵法》作为经典在全世界畅销，孙子的智慧受到全世界的尊敬。

世界孔子协会会长孔健也认为，"左手孔子，右手孙子"，可谓文武并重，收发自如。这两件宝，一是哲学，二是兵学，相辅相成，相得益彰。

新加坡孔子学院授《孙子兵法》

新加坡孔子学院院刚开张时就定位：孔子是“形象代言人”，代表了中华文化。该院院长许福吉博士在接受记者采访时表示，中华文化博大精深，它不只是儒家，比如说墨子、老子、庄子、孙子，还有阴阳家，都是中华文化的经典，都应列入孔子学院传播的范畴。

许福吉有华人血统和华语教学背景，他祖籍福建，是在新加坡长大的第四代华人，1980年到台湾上大学学习汉语专业，毕业后回到新加坡，在南洋理工大学拿到了文学硕士学位，并且留在母校从事了近20年汉语教学。

许福吉介绍说，孔子学院是在全球传播中华文化的最佳平台，而语言只是传播文化的工具。中国文化犹如一棵古老而充满生机的参天大树，根深叶茂，枝条繁多，所谓的儒家文化其实是其中的一个主干，没有节文颇备、枝条互起，就撑不起果实累累的文化大树。

“《孙子兵法》也是放之四海而皆准的，它放射出的智慧光芒闪耀了2500多年，至今受到全世界的推崇并被广泛应用于各个领域。我们把《论语》和《孙子兵法》一起传授，把儒与兵、文与武、柔与刚、软与硬，交融在一起。”许福吉说。

2006年11月，新加坡孔子学院举办《中华文化影响世界》两大论坛，其中一大论坛就是“孙子兵法”，许福吉为论坛主席，中国山东大学的廖群教授剖析《论语》和《孙子兵法》的内容，让与会者得到人际关系和战争策略的启示。

2010年4月，举办“交大狮城论坛”——孙子兵法商业战略，论坛主席仍是许福吉，主讲嘉宾邀请了上海交通大学经济与管理学院副教授、管理案例研究中心主任陈德智博士。

新加坡孔子学院成立以来，还举办了中日韩“孙子兵法·新和平论坛”；请台湾“全球华人中国式管理第一人”曾仕强讲《易经》和《孙子兵法》；请易中天讲“三国兵法”，反响热烈。

许福吉表示，孔子学院不是纯粹的学汉语机构，如果是那样的话冠名某某汉语机构就行了，又何必打“孔子牌”？既然孔子代表了中国文化，学院在设置基本的汉语课程中，就把中华文化的经典串联起来，把中华文明融合起来，通过语言去认识中国的文化，学汉语、读经典、授智慧，只要学员有这个文化需求，他们就努力传授。

许福吉给记者一份新加坡孔子学院出的《〈论语〉与〈孙子兵法〉的现代启事》，其中有《论语》与《孙子兵法》的共性互补性、孔子伦理与孙子智慧关系等。许福吉认为，孔子和孙子都处同一时代，同为齐国人，儒家文化与兵家文化也是互相渗透、互为影响的。如中国的兵家文化讲究“先礼后兵”，这个“礼”就是儒家的，而“兵”则是兵家的，两者融为一体，相辅相成。

新加坡孔子学院创造的手拿算盘的小孔子形象，也是儒家文化与兵家文化结合的产物，算盘体现了《孙子兵法》中最经典的谋略“妙算”。许福吉坦言，在新加坡以陈嘉庚为代表的实业家，都是儒家与兵家的融合，在白手起家、成就大业前用的是兵法智慧，驰骋商场克敌制胜；成就大业后又用儒家的论理，做慈善事业回报社会。

孔子学院应当好“文化园丁”。许福吉对记者说，孔子学院作为一个推广汉语、推广中华语言和文化的中心，要真正引导学员认识中华文化，还需要很有步骤地设计，让学生有阶段性地去认识包括诸子百家在内的中国传统文化。

许福吉诠释说，其实语言都是载体，所有的语言学习到最后都会回到文化上来。比如《孙子兵法》里的很多故事，学生在学了之后，可能会把它应用到生活中去，实践到生活中去，这就是中华文化所具备的一种功能。学院有一个标语是：“不断体验中国层出不穷的喜悦，在中国文化里有很多令人感动跟令人喜悦的地方。”这也许是该院被评为“海外最佳孔子学院”的最好注脚吧。

蒙古国孔子学院崇尚“尊老爱孙”

“上下五千年，上有老下有小，诸子百家一个也不能少，蒙古国孔子学院在这方面做了成功的尝试。”中国驻蒙古国资深记者评价说。

“在蒙古国孔子学院，不仅能学到汉语，还能系统学习《论语》《大学》《孙子兵法》这些中国典籍，进入孔子学院，就像进入中国文化的大家庭。”蒙古国立达学孔子学院学生感叹。

“从老子、孔子到孙子，孔子学院应该成为中华文化的大家庭，要‘尊老爱孙’，既要传播中国儒家学说，也要传播中国兵家文化；既要传播中国传统文化，也要传播中国现代先进文化。”蒙古国孔子学院中方院长于健对记者说，中国传统文化是中华民族几千年文明的结晶，除了儒家文化外，还包含有其他文化形态，如道家、兵家、墨家、法家、阴阳家、纵横家等等。

于健来自孔子和孙子这两位全球最著名的文武圣人还有故乡山东，长得眉清目秀，温文儒雅，一看就很有文化。他从小受齐鲁文化的熏陶，受孔子和孙子的哲学思想影响很深。在大学时曾读过海外兵学大家吕罗拔的《孙子兵法》，了解中国兵法作为哲学如何走向世界；他也学过《周易》，教他易经的山东大学的博士生导师刘大钧，是中国周易学会会长、易经大师，而易学与兵法有着深厚的渊源。

齐鲁文化源远流长，博大精深，光辉灿烂，浩浩荡荡，影响着中国，也影响着世界。于健说，在齐鲁文化中，文武之道两位圣人是最闪光的两个亮点。文圣孔子，创立了儒学，经典是《论语》；武圣孙子，创立了兵学，经典是《孙子兵法》。《论语》以道德治理天下，《孙子兵法》以智慧平定天下。

于健对记者说，“中国传统文化最具代表性大学”这个提法很契合山东大学的内涵。山东是中国传统文化的发祥地，尤其是儒家学说和兵家思想的发祥地，齐鲁文化培育出来许多传统文化大师。作为山东大学派到蒙古孔子学院的中方院长，理应在传播齐鲁文化、传播中国传统文化方面做得更出色。

孔子学院的学生当然是因为喜欢汉语、喜欢中国文化才来的。于健介绍说，有的同学同时也有发展上的需要，比如说留学、贸易、文化交流等。对于蒙古国来说，文化交流也是中国经济发展带来的必然要求。“我与蒙古大学生交流很多，也给他们上课，讲中外哲学比较。大学生们对中国文化和哲学非常好奇，对《孙子兵法》都很喜欢，许多大学生读过，不仅读该院蒙方院长其米德策耶翻译出版的蒙语译文版，也读中文版，对照起来读更能读懂和理解。”

孔子学院主要是进行中国综合文化交流的平台，并非只是推广儒经文化或孔子思想的机构。而中国文化是完整的思想体系，是各种中国文化教育流派的大集成，孔、老、庄、孙子学说既有联系又有区别，联系的纽带是哲学。作为外国哲学专业博士的于健认为，中国传统文化的核心是哲学思想，而《孙子兵法》饱含了朴素的唯物论和朴素的辩证法，充满了哲学思想。

蒙古孔子学院白云其木格喜欢中国兵家故事

于健表示，为了在蒙古孔子学院弘扬中国传统文化与哲学，该院邀请了山东大学哲学系博士生导师王新春前来主讲，开拓思路，并准备与蒙古大学社会哲学系合作编写中国哲学史，其中包括中国兵家哲学。于健翻译出版了《论语连环画》等一批中国文化普及读物，他打算再翻译出版《孙子兵法》《成吉思汗》连环画或漫画，面向蒙古学生和儿童。

蒙古孔子学院文武兼备百家争艳

“建院五年来，我们力争把孔子学院办成文武兼备、百家争艳的中蒙两国文化交流坚实平台、中国文化推广基地，打造成全球领先的孔子学院。”蒙古国孔子学院院长于健在接受记者采访时表示说，孔子学院是在全球传播中华文化的最佳平台，诸子百家都是中华文化的经典，都应列入孔子学院传播内容。

于健原是山东大学哲学与社会发展学院党委副书记，外国哲学博士，2009年被国家汉办和山东大学选派至蒙古国立大学孔子学院担任中方院长，荣获蒙古国立大学社会学院荣誉博士称号，荣获由蒙古国教育、文化和科技部颁发的“蒙古国先进教育工作者奖”，这是蒙古国政府授予教师的最高奖，还荣获“乌兰巴托荣誉奖章”，是蒙古国首次获得该奖项的中国人。

于健介绍说，这所蒙古国唯一的孔子学院，集中国文化之大成，推出了重点文化推广项目和系列文化交流活动，影响日益增强，引得了一片喝彩声。

学院推出《中文典籍译丛》，先后将中国传统经典《论语》《大学》《孙子兵法》翻译成蒙文并出版，翻译出版了《论语连环画》等一批中国文化普及读物，现在正在翻译《孟子》《中庸》等中文典籍。出版《今日中国》杂志，聘请了一批蒙古国汉学研究专家担任客座教授。成立蒙古国汉学家俱乐部，设在孔子学院，依托这个平台推广中国传统文化。俱乐部现在有成员有50多人，都是蒙古的知名汉学家，不乏中国文化研究者，有的热衷研究《孙子兵法》《三国演义》《成吉思汗》等兵家文化。

学院举办“孔子学院论坛”、“汉语和中国文化研究”等国际学术研讨会，“中蒙政治与经贸关系”等专题报告会。其中“中蒙传统宗教与哲学”论坛，中蒙两国的专家教授就“中西文化会通与传统文化复兴”、“汉宋易学与中国哲学”等多个论题展开讨论，充满了孔子、老子、庄子和孙子的哲学思想。

学院举办首届蒙汉翻译比赛颁奖典礼，孔子学院蒙方院长其米德策耶教授翻译的《论语》《孙子兵法》和《大学》等著名译著获奖。此外，还举办两届“孔子学院杯”蒙古国大中学生汉语写作征文比赛、“品味汉语文化”大型摄影图片展、“中国文化月”活动、“汉语文化周”活动。

中国驻蒙古大使馆和蒙古孔子学院给蒙古国国立大学外国语言文化学院赠送了2000多册汉语图书和1000张DVD光盘，蒙古孔子学院举办首届大型中国图书展，其中有一定数量的中国兵家文化书籍，受到蒙古大中学生的欢迎。

去年11月，蒙古孔子学院在乌兰巴托还开辟了一个新的校区，正在建设成一个中国文化体验中心。今年计划开设中国书法、中国音乐、中国象棋、太极拳等20多个包括中国兵家文化元素在内的体验课程。

于健说，在新时代应倡导世界文化的融合、创新，正是由于人类各种文化的相互吸收、整合和重组，才使人类文明不断融生、向前。而蒙古日益增长的汉语热、中国文化热，说明弘扬中国传统文化是世界文化融合的重要组成部分。

要打造成全球领先的孔子学院，就要让中国文化全方位、多层次地“走出去”。蒙古孔子学院作为中国提高汉语文化“走出去”能力的试验田，大力开展中蒙教育文化交流活动，在蒙古社会产生了积极影响。2010年12月，该学院被评为“全球先进孔子学院”，得到中蒙国家领导人的高度评价，证明了“文武兼备，百家争艳”的孔子学院具有无穷的生命力。

蒙古国孔子学院中方院长于健博士

让孙子和成吉思汗走进蒙古孔院

蒙古国立大学孔子学院中方院长于健提出，要让孙子和成吉思汗共同走进蒙古孔子学院，让中国传统文化经典《孙子兵法》与成吉思汗的“蒙古兵法”在此交融。

这位来自孙子故乡山东的哲学博士，对《孙子兵法》和“蒙古兵法”颇有研究。他指出，孙子是中国兵学杰出代表、百世兵家之师、东方兵学鼻祖，至今仍是巍峨的丰碑；而“一代天骄”成吉思汗是草原军事文化最杰出的代表，是全世界最伟大的军事实践家之一，其军事思想和实践，是草原民族军事文化的最高峰。

于健比较说：孙子领兵打仗，战无不胜，北威齐晋，南服越人，其著有巨作《孙子兵法》十三篇，为后世兵法家所推崇，被誉为“兵学圣典”，置于《武经七书》之首，被译为20多国文字，成为世界上最著名的兵学典范之书。成吉思汗军事才能卓越，熟读《孙子兵法》，战略上重视联远攻近，战法上变幻莫测，史称“深沉有大略，用兵如神”。

中国学者刘乐土在其《成吉思汗》一书中说：“成吉思汗是后人难以比肩的战争奇才。他逢敌必战、战必胜的神奇，将人类的军事天赋穷尽到了极点。”13世纪，成吉思汗及其子孙们征服了亚欧大陆的大部分，这场规模空前的战争，奠定了蒙古兵学在世界军事史的历史地位。

孙子比成吉思汗早出生约1700年，《孙子兵法》诞生在2500多年前的中国，成吉思汗诞生在历史悠久而又富于传奇色彩的蒙古族。有学者考证，成吉思汗的“蒙古兵法”不仅受《孙子兵法》的影响，而且是成吉思汗通过军事实践把中国兵法传到了欧洲。

于健表示，孙子和成吉思汗是东方两个伟大的战略家和军事家，也是世界伟大的战略家和军事家；孙子和成吉思汗是中蒙两国人民都非常崇

让孙子和成吉思汗走进蒙古孔院

拜的人，地位为全世界所公认，两者结合，珠联璧合，是中蒙文化的结晶。让孙子和成吉思汗共同走进蒙古孔子学院，对于促进中蒙文化交流，推进中蒙两国教育、文化领域的合作具有深远的意义。

据了解，近年来蒙古国立大学孔子学院已先后举办了“孔子学院论坛”、“中蒙文化论坛”、“中蒙传统宗教与哲学”论坛及“汉语和中国文化研究”等国际学术研讨会，推出《中文典籍译丛》，先后将中国传统经典《论语》《大学》《孙子兵法》翻译成蒙文并出版，中国文化的研究传播有声有色，中蒙文化交流成果斐然，学院的影响力日益增强，已进入“全球先进孔子学院”行列。

于健透露，蒙古孔子学院将筹备“孙子与成吉思汗国际研讨会”，邀请中蒙两国孙子和成吉思汗相关专家学者和兵学家、汉学家、教育家、企业家共同研讨，出版系列丛书，开展多种形式的文化活动，把孙子和成吉思汗打造成蒙古孔子学院独特的响亮的品牌。

蒙古华侨学校不忘“老子”不丢“孙子”

“既不能忘掉‘老子’，也不能丢掉‘孙子’，我们华侨学校重视在蒙古华侨子女和蒙古学生中传播中国传统文化，老子的道家、孔子的儒家、孙子的兵家思想，这些中国经典文化都传授，学生们都很有兴趣，优秀学生尤其喜欢。”被誉为蒙古高原“汉语花”的蒙中友谊学校校长江仙梅在接受记者采访时说。

蒙中友谊学校建校已有48年历史，坐落于乌兰巴托市，是旅蒙华侨协会为满足当地侨胞子女的教育需求创办的一所华侨学校，原名旅蒙华侨子弟学校，20世纪90年代初学校开始招收当地蒙古学生。该校现有21个班级，8个周末汉语补习班，在校生近700名，其中90%以上生源为蒙古学生，多年来为中蒙两国之间交流发挥了重要作用，同时培养出一大批汉语成绩优秀的双语人才。

江仙梅祖籍河北，在蒙古长大，毕业于这所华侨学校，并在该校多年负责文教宣传，担任校长将近15年。她自豪地对记者说，蒙中友谊学校长期致力于汉语教学和中华文化传播，引导学生读中国经典名著，包括兵家故事，许多学生都读过《三国演义》《三十六计》，不少学生知道老子、孔子和孙子，不仅弘扬了中国文化，而且促进了汉语教学，该校学生在蒙古国举办的汉语奥林匹克比赛、“汉语桥”比赛等活动中多次获奖。

江仙梅介绍说，蒙中友谊学校在多年的办学积累中，形成了独具特色的办学模式，实行上下午两部制，一至十二年级都以汉蒙双语授课，并有历史、书法、口语、写作等汉语特色课，把儒家学说、兵家文化融入其中，从小对学生们进行中国文化熏陶。如今，该校成为蒙古诸多汉语学校中的佼佼者，深受蒙古国中小学生的青睐，前来报名就学的学生“一桌难求”，每年不得不拒收很多学生。为满足蒙古汉语热、中国文化热的需求，该校于2011年新建了1400平方米的新校舍。

该校除了结合课堂教学传播中国文化，还经常组织丰富多彩的课外活动，如作文比赛、汉语知识比赛、汉语歌曲比赛、诗歌朗诵比赛、书法比赛、才艺展示等，都渗透中国兵家文化。该校许多小学生喜爱阅读《孙子兵法》漫画、《三国演义》连环画，中学生则有机会经常阅读和朗诵中国经典兵家故事。

参加国务院侨办组织的“寻根之旅”夏令营、“中华文化大赛”优胜者夏令营等活动，是传播中国文化的最佳时机。该校注重游教并举，寓教于游，结合参观中国历史文化名胜、学习中华武术等活动，寻找中国文化之“根”，华侨孩子和蒙古学生加深了对中国文化完整体系的认知度，更加不忘“老子”不丢“孙子”。

蒙中友谊学校办学成绩得到了当地教育界的一致认可，获得了很多成就和荣誉。2009年，蒙中友谊学校被中国国务院侨办评为“华文教育示范学校”；而江仙梅在教授汉语、传播中国文化方面取得了骄人的成绩，获得了诸多奖励和荣誉，每年获得教育界各种奖项，其中有蒙古国总统颁发的最高奖项——北极星勋章和功勋教师奖，成为海外优秀华人的代表。

在谈到未来的设想和目标时，江仙梅说，该校力争办一份华文报刊，开辟中国文化专栏，把学校建成传播中国语言文化、促进中蒙文化交流的窗口；做好汉语教材本土化建设和优秀教学读物的引进工作，重点引进《论语》《孙子兵法》等中国典籍；加强与孔子学院等汉语学校的合作，普及蒙古文《孙子兵法》，为汉语文化在蒙古国广泛传播、弘扬中华民族的灿烂文化做出更大贡献。

蒙古华侨学校不忘“老子”不丢“孙子”

蒙古国高原的“汉语旋风孙子热”

蒙古国汉语教师协会会长巴特玛在“汉语桥”蒙古赛区接受记者采访时说，蒙古国刮起“汉语旋风”，蒙古学生感慨学汉语就像过节，中国文化受热捧。随着中蒙两国经贸关系的不断发展，汉语已成为蒙古国学生最热衷的外语专业之一，“汉语热”在蒙古国正在逐年升温。

巴特玛说，汉语普及主要在蒙古的大学和中学。据不完全统计，目前蒙古国有60多所大中学开展了汉语教学，比2003年增加了一倍。未来蒙古国的“汉语热”还将持续升温，汉语将被越来越多的蒙古国学生所喜爱。

巴特玛认为，传播中国文化离不开汉语，开设汉语课的蒙古学校，都

蒙古国高原的“汉语旋风孙子热”

同时开设中国文化课程，将《论语》《孙子兵法》等中国经典列入教学大纲，在各个学校普遍推广。每个学校也都会安排很多文化活动，如中国功夫、太极拳等，在课外阅读中都会布置中国文化的内容，每个学期还会组织演讲比赛、作文比赛，内容都与中国文化相关。

在“汉语旋风”里，一股中国文化热同时在蒙古高原流淌。白云其木格曾在“汉语桥”蒙古赛区中学组获第一名，现在蒙古国立大学中文系就读。她对记者说，她八岁就开始学习汉语，学了九年，喜欢中国兵家文化的故事书，从小就买了《三国演义》。

蒙古人文大学中文系主任伦扎向记者介绍说，近年来，蒙古青年人热衷于汉语学习，汉语系学生人数逐年增加。目前，蒙古大约有40多所大学和中、小学普遍开设汉语课程。蒙古人文大学汉语系成立于1989年，目前有几百名汉语专业的学生，我们每年举办汉语节，通过各种丰富多彩的活动展示中国文化，尤其是阅读研究《论语》《孙子兵法》等中国典籍，使人文大学同学们的汉语水平越来越高，对中国文化也越来越了解。

在蒙古国首次出版蒙语译文版《孙子兵法》的蒙古孔子学院蒙方院长其米德策耶说，孙子思想受到蒙古学者、企业家的青睐，蒙古经济研究院学者出版了一本《商务孙子》，成为蒙古企业家经商的宝典。孙子也深受蒙古大学生喜爱，蒙古国立大学和其他大学开始把《孙子兵法》列入必修课，不少大学生潜心研究孙子，有的兵学论文获得硕士学位，带动和影响了一大批大学生对孙子研究的浓厚兴趣。

其米德策耶告诉记者，如今蒙古民众也对《孙子兵法》开始有兴趣了，蒙古电视台常年播放蒙文版的《三国演义》等中国兵家文化的电视剧，许多蒙古人喜欢参加孔子学院举办的包括中国兵家文化在内的活动，希望多了解神奇的中国和中国文化。

其米德策耶说，目前他正在写一本《我们知道和不知道的中国文化》一书，其中就有《孙子兵法》，今年5月出版。他还向记者透露，蒙古经济学家正在筹建孙子兵法研究会，请他加盟。

海外孙子传播对汉学研究影响重大

蒙古孔子学院蒙方院长其米德策耶在接受记者采访时表示，随着孔子学院在全球遍地开花，“孙子热”也在全球升温。以孙子为代表的中国兵家文化已成为世界智慧，跨越几千年时空，越过千山万水，再次征服海外；而海外《孙子兵法》研究传播和普及对汉学研究产生重大影响。

其米德策耶1979年毕业于蒙古国立大学汉语专业，1986年作为中蒙两国恢复派遣留学生制度后的首批蒙古学生，到北京语言学院学习。回国后任蒙古国立大学教授、中蒙友好协会秘书长、蒙古汉语俱乐部主任，热衷于传播中国传统文化，他将中文典籍《论语》《大学》《孙子兵法》等翻译成蒙语，荣获“中国大使奖”。

这位蒙古知名汉语学家、语言文学博士告诉记者，《孙子兵法》译成蒙文并出版，为在蒙古国开展中国古代哲学、兵学研究提供了宝贵的资料，在蒙古国汉学界引起较大反响，促进了蒙古国汉学研究的发展。如今，蒙古国立大学中文系上的中国文化课，其中《孙子兵法》是必修课。其米德策耶每周除了为孔子学院的学生上课外，还经常通过各种讲座传播孙子思想。

其米德策耶认为，传播和普及《孙子兵法》等中国经典文化，是加深拓宽蒙中两国的文化交流，增进彼此了解，消除隔阂最根本、最有效的办法，对汉语推广也有很大的促进作用。近年来，蒙古青年人热衷于汉语学习，汉语系学生人数逐年增加。目前，蒙古大约有40多所大学和中、小学开设汉语课程，仅蒙古国立大学就有几百名汉语专业的学生，他们中绝大部分是冲着中国文化来的。

蒙古社会各界都对中国文化保持着浓厚的兴趣，文化的交流更有利于两国的友好交往，而中国传统文化对蒙古的发展及教育益处很多。其米德策耶介绍说，在蒙古，中国传统文化的研究是个很重要的课题，但资料缺乏，学者也少，必须要继续推动这方面的工作。由于他特别喜爱汉语言的研究，希望向蒙古人民介绍包括《孙子兵法》在内的中国传统文化。

孔子和孙子是同时代的圣人，一位是文圣人，一位是武圣人。其米德策耶说，中国文武两圣人被全球普遍接受，其儒家思想和兵学智慧被广泛应用，表明中国软实力的影响随之扩大，对研究和普及汉学影响甚广。所以他在翻译《论语》《大学》的同时，把《孙子兵法》也翻译成蒙文，让蒙古人民全面了解中华文化的“文武”两大精髓，相辅相成，相得益彰。

其米德策耶诠释说，“汉学”一词，原本指海外学者对有关中国的各种学问的研究。从这个意义上讲，海外的《孙子兵法》研究本来就是汉学研究的一个组成部分，不仅有力地促进了汉学研究的发展和普及，扩大了汉学研究的影响，而且必然与汉学研究的其他领域互相借鉴、互相促进。

中国五千年博大精深的文化有着巨大的魅力，其米德策耶对记者说，西方出版的《100个历史上最有影响的人物》中孔子名列第五，而《老子》《庄子》《孙子兵法》《三国演义》等中国国学，在世界文化中也占有重要位置，产生深远影响。值得充分肯定的是，海外《孙子兵法》的广泛研究和应用，已经产生了重要的影响，并将继续产生影响。

海外孙子传播对汉学研究影响重大

其米德策耶坦言，孔子学院其实无关孔子，乃是对外汉语教学机构，孔子也只是诸子百家中的一家，为何要打孔子旗号呢？因为中国文化需要一个代言人，孔子代表的是诸子百家，而不是一家。要让外国人全面了解中国，就要全面介绍中国。如果中国的文化仅仅局限于一个《论语》，还有99家没戏唱，“汉语热”很快就会随之降温。

印度学生狂学汉语酷爱孙子

“在印度，汉语教材缺，汉语书籍缺，汉语学校缺，汉语老师更缺。”这是记者在印度期间听到频率最高的话。

“知彼知己”、“上兵伐谋”、“致人而不致于人”、“不战而屈人之兵”，不仅时下中文流行词汇不陌生，就连《孙子兵法》的经典语录，印度学生也能随口说上几句，令记者感到十分亲切。

记者去了几家新德里书店，果然汉语书籍奇缺，汉语教材也所剩无几，《论语》《孙子兵法》《三国演义》等中国古典名著的中文版和英文版都脱销。书店工作人员告诉记者，近年来，汉语书籍成了抢手货，奇货难居，供不应求，尤其是中国经典名著，一上柜就销售一空。《孙子兵法》进了多个版本都卖完了，书店还在进，因为有销路。

印度德里大学夜景

新德里尼赫鲁大学中文系的大学生对记者说，由于就业前景看好，印度学生几乎是疯狂地学习汉语，目前汉语已经成为印度大学里相当热门的专业了，许多印度人以会讲汉语为时尚，认为学汉语前景广阔。

尼赫鲁大学中文系是印度最早开设中文课程的高等院校之一，该校中文系目前有本科、硕士及博士等在校学生约110名。随着中印经贸及民间交往的快速发展，学习汉语的需求将会越来越大，并逐渐由新德里、孟买等主要城市向二、三线城市扩散。目前印度国内开设可授予正式学位汉语课程的高等院校仅有四所，这样的教学资源远远不能满足印度汉语教育市场的需求。

德里大学的一位大学生说，随着中国成为印度最大的贸易伙伴，印度人学习汉语从未像今天这么强烈，人数呈上升趋势，其中经商或商务沟通是他们学习汉语的主要目的之一。如今，学生和专业人士都开始认清经济现实，转而学习起汉语。他们普遍酷爱《孙子兵法》，认为孙子的谋略对商务很有用，是哈佛等商学院的必修课。

德里大学的一位学者称，印度独立后，中印文化关系是印度学者的首选课题。他曾读过K.P.S.梅侬撰写的《中国的过去与现状》一书，该书既有关于孔子、孙子等古代中国文化的介绍，也有关于毛泽东等现代思想家的介绍，拓宽了印度一般民众对中国文化的了解范围。在包括《孙子兵法》在内的中国古典名作的译介中，印度学者近20年来表现出了非常大的热情。

身穿统一校服、系着学生领带、稚气未脱的印度中学生也与记者交流，他们非常喜欢读《三国演义》《水浒》，对《孙子兵法》连环画爱不释手，希望能有中国老师教他们地道的汉语，读更多的中国古典名著。

“印度唐伯虎”不点秋香点孙子

印度年轻学者古拉尔在德里大学国际经贸系攻读了硕士研究生，又进修了三年汉语。因他长得帅气，浓眉大眼，操着一口流利的汉语，又酷爱中国传统文化，喜欢唐伯虎的书画，所以人称印度的“唐伯虎”。

然而，这位印度的“唐伯虎”，不点秋香，独点孙子。他说，唐伯虎是苏州人，是江南才子，其实他并不风流，“唐伯虎点秋香”只是民间流传的故事，是美好的传说。而孙子是外来的苏州人，在苏州写下了举世闻名的《孙子兵法》，这是真实的，而不是传说。他的智慧正被转换成为现代社会的智慧，成为全世界的智慧，非常了不起。

这位印度“唐伯虎”点评起孙子，有着独到之处，令人耳目一新。

印度孔子学院开设《孙子兵法》课程

春秋时期是辉煌的时代，出现了很多书，最经典的是《孙子兵法》，被誉为“百世谈兵之祖”、“世界古代第一兵书”。它是当今社会先进军事文化的源头，也是全世界不可或缺的智慧来源与精神养料。

要想知道为什么当今中国经济不断发展，中国迅速崛起，就要读一读《孙子兵法》，这是一部代表中华文明的历史巨作，它揭示了走出一条中国特色成功之路的道理。

中国从开辟丝绸之路、张骞出使西域，到郑和下西洋，中国从不输出武力，还依靠自己文化的感召力同化了昔日战场上的敌人，与邻邦和平共处。这是孙子“上兵伐谋”、“其次伐交”、崇尚智慧、倡导和平的结晶，体现了中华文化的核心价值。尽管《孙子兵法》未明确提出和平的概念，但蕴涵了丰富的和平理念，为世界所推崇。

大约2000多年前，印度的阿育王后悔自己率领军队参加战争，毅然放弃战争，致力于和平发展自己的社会。他又号召世界上都不要发生战争，把自己得到的佛祖舍利分给各个国家，一夜之间，在世界上建立了84000座寺塔。他的和平与非暴力理念一直延伸到对动植物的保护，具有超前的可持续性。印度圣雄甘地倡导的非暴力和平思想，也被世界各国接受。

阿育王和圣雄甘地的非暴力和平思想，与孙子“不战而屈人之兵”的和平理念是一致的，与当今世界坚持走和平发展、合作发展、和谐发展之路也是吻合的。

如果我们再换一种角度读《孙子兵法》，不是从战争的角度而是从战略的角度和企业管理角度来看，《孙子兵法》还是一部关于企业战略的书，被商学院重视，走进世界知名商学院的课程中。《孙子兵法》的哲学精髓和现代价值转化为行政管理的理论与方法，对于今天的企业家而言更是最高水平的经营教科书，它能给企业家足够的智慧。因此，它是印度企业家必读的经商教科书。

这位印度“唐伯虎”评价说，《孙子兵法》十三篇，篇篇精彩，句句经典，敌我双方皆可读，世界各国皆可用，这在牛顿物理中学不到，象牙塔里想不出，西方人理解不了，是只有到《鬼谷子》里才能寻找到的神秘无比的“东方智慧”。

马德里孔子学院学员崇拜中国孙子

记者在坐落于马德里市中心的一座称作“赏花殿”的亚洲之家内的孔子学院见到了吉瑞，他是该学院的学生，长得特别的帅气。他拿出一本从孔子学院图书馆借阅的西班牙版《孙子兵法》对记者说：“我最喜爱和崇拜中国的孙子。”

马德里孔子学院是2005年时任中国国家主席胡锦涛访问西班牙时两国签署的协议，2007年时任中国国务院副总理回良玉与西班牙教育与科技大臣卡布莱拉女士为该学院揭牌，合作方是马德里自治大学和上海复旦大学，以便在西班牙促进汉语教学和推广中国文化。

曾在中国云南进修过汉语的吉瑞说，孙子的智慧谋略让全世界如此折服。至少至今还没发现，有哪一个人出的书全世界都在读、都在用，况且又是一本流行了2500多年的古书。

马德里孔子学院学员崇拜中国孙子

吉瑞告诉记者，马德里孔子学院《孙子兵法》的版本很多，他抽空就会借阅，这本书确实给人智慧、给人启迪。一年前，他听过一次讲座，是西班牙孙子研究学者讲的，非常有趣。前两个月他在马德里自治大学也听过类似的讲座，听课的大都是西班牙商界人士，讲如何将《孙子兵法》的谋略应用于商业竞争中，非常实用，许多经典的案例让他拍案叫绝。

马德里孔子学院公派教师郝丽娜向记者介绍说，《孙子兵法》在西班牙影响很大，西班牙版本多次再版，她听到不少西班牙人经常谈论孙子。一些大学讲跨文化管理，都离不开《孙子兵法》。在他们学院，大部分学员学习汉语是出于对中国文化的迷恋，学员们相信，在孔子学院能更好地学习汉语和中国文化，许多学员都读过《孙子兵法》。

西班牙中国学生学者联谊会主席周芳玲说，马德里孔子学院学员学汉语、学中国文化，也带动了当地的中国文化热。自2010年西班牙中国汉语年举办以来，各孔子学院和文化机构举办了近百项中国文化宣传活动。尤其是孔子学院率先开展学兵法、练武术活动，许多中文学校开设武术课，在马德里练少林、太极武功成风，穿的中国武术服装，刀、棍、剑、拳，一招一式，有板有眼。

吉瑞认为，中国的武术与兵法融为一体、不可分割，练少林、太极不仅可以锻炼身体、修养身心，提高学习兴趣与效率，而且可以体验中国兵法的奇妙。但如果只学中国武术而不学《孙子兵法》，就不够有味了。因此，中国的武术应该与兵家文化一起进入孔子学院，由对少林、太极的兴趣进一步发展为喜爱和学习中国文化。

欧洲孔院用武术传播中华文化

法国普瓦提埃大学孔子学院的“武术开放日”活动，慕尼黑孔子学院的少年太极拳，柏林自由大学孔子学院的气功研讨会，西班牙孔子学院的学兵法练武术活动，华沙武术特色孔子课堂，挪威卑尔根孔子学院的“武林大会”……欧洲众多孔子学院用武术传播中华兵家文化，提升了孔子学院在当地的影响力和吸引力。

欧洲众多孔子学院对中华武术的推崇有其深刻的文化内涵：武术虽然素以“技击”为其技术特色，但其终极目的却不在此，所谓“止戈”为“武”，武术之真意乃为“和平”。孔子学院传播武术吻合孔子“文武兼备”的教学思想，可以多维度阐释“和”的理念。

慕尼黑孔子学院德方院长高芳芳表示，孔子学院本质上就是传播中国文化，武术作为中国传统文化的结晶彰显独特的魅力。譬如像太极拳这样集武术、哲学于一身的中国国粹，其气韵、节奏、刚柔浑融于无形的姣美。武术在中华传统文化传播上独具一格，吸引德国青少年踊跃报名。

法国普瓦提埃大学孔子学院举办的首届“武术开放日”活动，孔子学院的武术老师通过带领学员集体表演、个人表演及现场示范讲解，向法国民众全面地展示了太极拳、功夫等武术项目。近百名观众兴致勃勃地体验了中华武术，当地其他体育健身俱乐部也应邀出席了此次活动。柏林自由大学孔子学院也通过举办开放日柏林少林学校武术、太极拳表演，吸引众多德国民众观看。

与北京体育大学合作的挪威卑尔根孔子学院主打“武术体育牌”，学习武术的学生有339人次，还在挪威举办“武林大会”，传播中国兵家文化。中国武协副主席、北京少林武术学校总校长兼总教练傅彪与新西伯利亚国立技术大学孔子学院就合作办学达成了共识。傅彪愿意派遣优秀的武术教练到孔子学院工作，进行武术表演，开办武术班，把中华武术这一民族瑰宝更多介绍到俄罗斯。

波兰华沙维斯瓦大学孔子课堂中有一尊半人高的兵马俑，武术特色成为该孔子课堂的品牌。现任波兰国家武术队主教练何溪静女士、武术队波兰总教练米好、波兰武术协会及波兰武术国家队作为武术特色协作单位，致力于以中国武术特色为主的各类中国文化的交流活动。

西班牙孔子学院开设武术课，在马德里练少林、太极武功成风。西班牙瓦伦西亚大学孔子学院举办太极拳培训班，吸引来自瓦伦西亚大学校内外的学员踊跃参加。通过太极拳培训，学员们领略了中国传统文化的魅力。西班牙中西文化交流协会会长杨若星介绍说，如今，巴塞罗那已见不到斗牛了，有上万人打太极，西班牙广场经常举办大型太极表演，展示中国功夫。

马德里孔子学院学生吉瑞认为，中国的武术与兵法融为一体，不可分割，练少林、太极不仅可以锻炼身体、修养身心，提高学习兴趣与效率，而且可以体验中国兵法的奇妙。但如果只学中国武术而不学《孙子兵法》，就不够有味了。因此，中国的武术应该与兵家文化一起进入孔子学院，由对少林、太极的兴趣吸引西班牙人进一步喜爱和学习中国文化。

巴塞罗那大学客座教授张修睦的武术和太极造诣很深。他认为，中国武术不仅仅是搏击术，更不是单纯的拳脚运动，它是中华传统文化的精彩体现。它的思想核心是儒家的中和养气之说，同时又融合了道家的守静致柔、释家的禅定参悟、兵家的智慧谋略，从而构成了一个博大精深的武学体系，很适合孔子学院推广。

慕尼黑孔子学院正在练少年太极拳

德国孔子学院致力弘扬中国兵家文化

记者走进慕尼黑孔子学院，映入眼帘的是红灯笼、中国结、孔子像、关公刀，中国传统文化的氛围十分浓烈。在院长办公室上方，醒目地挂着《孙子兵法》“为将五德”的竹牌。在教室里，中国老师正在教德国少年打中国太极拳，一招一式，有模有样。

慕尼黑孔子学院德方院长高芳芳是在德国生活了20多年的华人。她向记者介绍说，该孔子学院由慕尼黑东方基金会和北京外国语大学合办。德国人对包括儒家学说和兵家文化在内的中国传统文化越来越喜爱，对中国功夫非常崇拜，对孙子的智慧谋略从不了解到信奉，受到学术界和企业家的欢迎，东方基金会创立人帕拉特教授也乐此不疲。

高芳芳表示，慕尼黑孔子学院在开设汉语课程和举办中国传统文化活动等多方面都取得了成绩，近年来举办“少儿中华文化体验课”、“中国文化周”、“文化沙龙”，都融入了中国兵家文化内容。她向记者透露，德国众多跨国公司总部设在慕尼黑，很需要了解中国的智慧谋略。该院打算从2013年起，“文化沙龙”开设《孙子兵法》课程，邀请中国和德国的孙子研究学者授课。

在法兰克福孔子学院，墙上挂着《孙子兵法》《三十六计》竹简，图书室有完整的《孙子兵法》连环画。近年来，该院举办“汉字五千年多语种发布”，涉及上下五千年博大精深的中国兵家文化；在“中国戏曲日”演出《空城计》等反映中国兵家文化内容的剧目；在“中华文化体验周”，邀请国内武术老师，每年举行两至三次中国功夫训练；在“儿童周”里，也表演中国少林武功。

法兰克福孔子学院中方院长、复旦大学历史系教授赵兰亮博士介绍说，2009年，中国连环画选展在该学院开展，共展出500多册连环画，其中中国兵家文化连环画占了相当比例，丰富多彩的展示内容、新颖别致的设计风格、浓郁厚重的文化氛围，为莱茵河畔增添了一道亮丽的中国文化风景。德国观众从文化和艺术的角度解读中国历史，解读中国兵学文化，进而加深对中国传统文化深厚内涵的理解。

复旦大学“中华文明国际研究中心”将走出国门，走进法兰克福。赵兰亮透露，这个中心的重要使命是与国外大学合作，建立学术交流平台，而孔子学院是最佳平台。该中心将以法兰克福孔子学院为主，进行汉学与中国文化研究，包括儒家、兵家、诸子百家，以文史哲、中国古代经典为重点，开展专题研究、学术交流，举办报告会，出一批学术成果。

赵兰亮表示，现在对孔子学院的定位更加清晰了，是传播中华文化的载体。孔子学院用了孔子的名字，实际上代表了诸子百家，代表了中华文化。孔子学院要向前走一步，就是要把儒家学说、兵家文化等中国传统文化传播的层次提升一步。

柏林自由大学孔子学院举行气功研讨会、读书会、电影沙龙、汉字展览，在柏林吹热“中国风”。该孔子学院通过举办开放日柏林少林学校武术、太极拳表演，引众多德国民众观看，还成功举办了多达60余次的专题讲座、展会和研讨会，运用多种形式系统介绍包括中国兵家文化在内的中国传统文化。

法兰克福孔子学院《孙子兵法》连环画

欧洲学者称孔子学院不能缺孙子

葡萄牙米尼奥大学孔子学院葡方院长孙琳认为，孔子学院与歌德学院一样，名称并不能代表实质，歌德学院不是为传播歌德开的，孔子学院也不仅仅传播孔子。传播中华文化不能缺孙子。

欧洲学者称，孙子和孔子一样有永恒的智慧，这种智慧属于全世界，没有哪个国家能够垄断。《孙子兵法》因其实用性受欢迎。在欧洲的大书店里，各种版本的《孙子兵法》常年供应，可见西方年轻人更想了解东方人的智慧。孔子学院传播孙子文化吻合孔子“文武兼备”的教学思想。

记者在里斯本孔子学院看到，孔子像与《孙子兵法》竹签并列放在一起，让人领略中国古代文武两位圣人的风采。葡方院长费茂实博士对记者说，这体现了中国儒家学说与兵家思想在孔子学院等量齐观，孔子学院不仅仅传播孔子，应传播包括诸子百家在内的更多的中华优秀文化，而孙子是“世界兵学鼻祖”，全世界都崇拜他，孔子学院应该有他的地位。

法国布列塔尼孔子学院法方院长白思杰是被协会的理事会招聘的，还要通过面试，他很幸运被选中了。在谈到被选中的主要原因时，白思杰看到《经济学人》杂志里，有一篇名为《中国在海外：孙子和软实力的艺术》的文章，论述中国经济实力之外的软实力。读完文章发现，孙子才是韬光养晦、在海外低调传播中国形象的代表人物。因此，他对孔子学院传播《孙子兵法》有着特别的情结。

近年来，俄罗斯叶卡捷琳堡掀起一股“中国古典文学热”，当地书店包括《孙子兵法》在内的中国古典文学书籍销量异常火爆。书店的工作人员介绍说，这与卡捷琳堡孔子学院大有关系。该学院教学秘书安德烈从大学时代就开始对中国文化产生兴趣，喜欢研读俄文版《孙子兵法》。

西班牙巴塞罗那孔子学院中方院长常世儒表示，孔子学院不能单纯教汉语，这既没广度也没深度。要打好中华传统文化牌，走文化高端，推动汉学研究，系统研究传播孔子、老子、孙子、庄子等中国古典精华，把孔子学院办成以汉学家为主体的学术性机构，传播中华文化的平台。

马德里孔子学院公派教师郝丽娜向记者介绍说，《孙子兵法》在西班牙影响很大，西班牙版本多次再版，她听到不少西班牙人经常谈论孙子。一些大学讲跨文化管理，都离不开《孙子兵法》。在他们学院，大部分学员学习汉语是出于对中国文化的迷恋，学员们相信，在孔子学院能更好地学习汉语和中国文化，许多学员都读过《孙子兵法》。

慕尼黑孔子学院德方院长高芳芳向记者介绍说，德国人对包括儒家学说和兵家文化在内的中国传统文化越来越喜爱，对中国功夫非常崇拜，对孙子的智慧谋略从不了解到信奉，受到学术界和企业家的欢迎。德国众多跨国公司总部设在慕尼黑，很需要了解中国的智慧谋略。该院打算从2013年起，在“文化沙龙”开设《孙子兵法》课程，邀请中国和德国的孙子研究学者授课。

法兰克福孔子学院中方院长、复旦大学历史系教授赵兰亮博士坦言，现在对孔子学院的定位更加清晰了，是传播中华文化的载体。孔子学院用了孔子的名字，实际上代表了诸子百家，代表了中华文化。孔子学院要向前走一步，就是要把儒家学说、兵家文化等中国传统文化传播的层次提升一步。

喜爱孙子的慕尼黑孔子学院两位女院长

有学者认为，孔子学院全球遍地开花，《孙子兵法》在世界广泛应用，不但能用以指挥战争，而且能用来管理公司、推广市场、面对竞争，这些都是老外想从孔子学院探索的。中华文化博大精深，中国的软实力主要体现在中华文化上，《孙子兵法》应随孔子学院在全球并蒂开花。

孔子、孙子两位圣人应在全球并蒂开花

海外学者称，孔子学院遍布全球，《孙子兵法》应用遍及全世界。孔子与孙子是世界最闪光中国圣人，也是世界认可度最高的中国伟人，也是两张全球最耀眼的中国文化名片。《孙子兵法》应随孔子学院在全球一起传播，并蒂开花，这更能全面展示中国文武之道的传统文化。

香港《文汇报》撰文指出，中国在海外设立孔子学院以孔子名之，具有代表性和象征性。世界有学习了解中国的大量需求，孔子学院应传播弘扬中华文明。半部《论语》可以治天下，五千言《老子》可窥自然规律，《孙子兵法》不但能用以指挥战争，而且能用来管理公司、推广市场、面对竞争。

澳大利亚华人孙子研究学者丁兆德认为，《孙子兵法》流传2500多年，光辉永存，传播到140多个国家和地区，已光耀全球。作为中国优秀传统文化遗产和世界宝库，其历史价值、文化价值、智慧价值、应用价值，不亚于孔子倡导的儒家学说。

在葡萄牙里斯本孔子学院，正厅最醒目的位置，孔子像与《孙子兵法》竹签并列放在一起，让人领略中国古代文武两位圣人的风采。里斯本孔子学院葡方院长费茂实博士说，这体现了中国儒家学说与兵家思想在孔子学院等量齐观。

新加坡孔子学院在传播孔子儒家学说的同时，传授孙子的兵家文化。该院院长许福吉博士表示，《孙子兵法》是放之四海而皆准的，它放射出的智慧光芒闪耀了2500多年，至今受到全世界的推崇并被广泛应用于各个领域。我们把《论语》和《孙子兵法》一起传授，把儒与兵、文与武、柔与刚、软与硬，交融在一起。

该院出的《〈论语〉与〈孙子兵法〉的现代启事》，其中有《论语》与《孙子兵法》的共性互补性、孔子伦理与孙子智慧关系等。许福吉认为，孔子和孙子都处同一时代，同为齐国人，儒家文化与兵家文化也是互相渗透、互为影响的。如中国的兵家文化讲究“先礼后兵”，这个“礼”就是儒家的，而“兵”则是兵家的，两者融为一体，相辅相成。

蒙古国唯一的孔子学院建院五年来，致力于办成“文武兼备”的孔子学院，先后将中国传统经典《论语》《大学》《孙子兵法》一同翻译成蒙文并出版。该院负责人评价说，齐鲁文化源远流长，博大精深，光辉灿烂，浩浩荡荡，影响着中国，也影响着世界。其中最杰出的是文武两圣，“文圣”孔子，创立了儒学，经典是《论语》；“武圣”孙子，创立了兵学，经典是《孙子兵法》。《论语》以道德治理天下，《孙子兵法》以智慧平定天下。

墨西哥国立自治大学图书馆工作人员表示，如今在海外影响最大、最受崇拜的中国优秀文化代表人物莫过于两人，一个是孔子，一个是孙子，孔子学院以传播中华文化而誉满全球，《孙子兵法》以智慧应用而扬名海外。

世界孔子协会会长孔健形象地比喻说，日本人手上离不开中国的两件宝：左手孔子，右手孙子，可谓文武并重，收发自如。这两件宝，一是哲学，二是兵学，相辅相成，相得益彰。孔健论证，“《论语》加算盘”的经营理念，很早就由被誉为“日本资本主义之父”涩泽荣一提出。涩泽荣一能创办并使500多家企业发展壮大的秘诀就在于此，即用孔子的哲学统一思想，用孙子的兵学武装企业。

算盘就是计算、算计、计谋，《孙子兵法》十三篇开篇就是“计”。孔子和孙子基本生于同一时代，家乡都在山东，一个是文圣人，一个是武圣人。“左手孔子，右手孙子”的搭配可谓完美无瑕。孔健如是说。

加拿大孔子学院读经典练太极

学汉语、读经典、授智慧、练太极，加拿大14所孔子学院和15所孔子课堂，在设置基本的汉语课程的基础上，注重将老祖宗留下的中华文化重新整理，把中华文化的经典串联起来，把中华文明融合起来，创造性地转化为让世人共享的大智慧，受到加拿大人的欢迎。

BCIT温哥华孔子学院是北美成立的第一家孔子学院。该院推出企业高管CEO班，众多加拿大公司的CEO前来认真听讲。学院目前有60多名学生，来自当地主流社会的各个领域，有跟中国做生意的企业家，也有当地高中的汉语老师。BCIT温哥华孔子学院作为沟通中加两国文化、经贸、商业往来的咨询机构，当然离不开被誉为全球经商宝典的《孙子兵法》。

温哥华孔子学院院长谷丰博士认为，孔子学院已被提升为中国国家发展战略的一部分，希望在中国发展过程中，能减少外国对中国的猜疑，通过文化交流，让他们了解中国和平发展的意愿，中国不会对其他国家造成威胁。孔子学院并非教孔子的学说，而是通过这平台，教授当地人们需求的内容。

BCIT的孔子学院以商贸文化交流为主。谷丰博士介绍说，温哥华有不少对中国文化和商业合作感兴趣的公司，其中不乏有与中国频繁贸易往来的上市公司。于是学院顺应他们的需求，推出了企业高管CEO班，一期十节课，由十个各领域的专家进行授课。那些惜时如金的加拿大老板们竟能稳稳地坐在课堂里，求知若渴。

卡尔顿大学孔子学院发展规划所制定的“携手中国”系列课程全面启动，融入卡尔顿大学主体教学之中。2013年2月，首期中国文化类大学学分课程《中国文化与社会》正式开课，课程系统介绍包括儒家学说和兵家文化在内的中国传统主流文化以及当代中国的热门话题，授课以英文为

加拿大孔子学院读经典练太极

主、汉语为辅，共40学时，并邀请加拿大艺术委员会专家和前加拿大驻华外交官参与学生互动讨论。

作为首次非汉语语言类的中国文化正式学分课程，该课程在卡尔顿大学内受到关注，多名不同院系教授到课旁听，主管教学负责人Gess教授表示，孔子学院为卡尔顿大学的中国语言文化系列课程创造了新的品牌。

滑铁卢大学孔子学院院长兼东亚系中文教研室主任李彦认为，作为孔子学院院长要当好传播中国文化的使者。开办孔子学院旨在让世界理解中国。传统的中国元素不单单是海外华人身上的符号，更应该走进孔子学院及社区中文教学的课堂。在中国文化的熏陶下，滑铁卢地区的老外们学汉语、读经典，了解中国传统文化的兴趣高涨。

魁北克孔子学院在大力推广汉语的同时，曾多次与当地著名的醒龙武术院联合举办传统武术及太极拳比赛和讲学，还特邀“太极伉俪”陈正雷大师和夫人路丽丽女士举办陈氏太极拳讲学。院长荣盟认为，魁北克不少学生就是由于被太极拳吸引，而进一步喜爱和学习中国文化的。“我们要从弘扬中华文化的高度认识太极的功能和作用，太极拳可作为中华文化走向世界的一个切入点。”

布鲁克大学孔子学院在校内开辟了汉语角，目前已有127位注册社员。社员们每周四在孔子学院聚会，了解探讨中华传统文化。在一年一度的“布鲁克大学健康日大会”上，孔子学院组织的中国文化工作坊推出太极拳。

19岁的加拿大姑娘玛格丽塔·西纳有个非常好听的中国名字——木兰，这是麦克马斯特大学孔子学院中方院长成敏博士为她起的。“因为我从五岁开始就学习武术，我的老师告诉我中国古代有个叫木兰的女孩子也会武术，所以我就有了这个中国名字。”这位加拿大2009年全国武术冠军自豪地说。

麦克马斯特大学加方院长盛余韵表示，孔子思想核心的重要一点是“和”。在21世纪的今天，中国在很多方面已经成为领导者，不过中国和别的一些国家不一样，她从来不试图把自己的价值观强加于人，而是乐于同世界分享其文化精髓。

加拿大首都孔子学院加方院长李征也表示，该院具有综合特性，不仅开展汉语教学，带动大学加强关于中国问题的研究和教学，同时发挥地处首都的优势，对加拿大联邦政府机构和主要企业商会提供咨询与培训，希望能成为一个中国问题的研究平台。

阿根廷兴起“汉语热”催生“孙子热”

记者在阿根廷采访时获悉，越来越多的阿根廷人对中国的兴趣日益浓厚，学习汉语的热情高涨。随着“汉语热”的不断升温，《孙子兵法》等中国传统文化热在阿根廷也随之升温，翻译出版数量直线上升。

阿根廷书店和咖啡馆遍布在城市的每一个角落。走进布宜诺斯艾利斯步行街最大的书店，仿佛走进一座富丽堂皇的古典剧院。该书店有四层楼面，每年接待逾百万购书者。记者发现，《孙子兵法》被列为哲学书类，整整一大柜子，大都是西班牙文版的，也有英文版的。书店销售人员介绍说，来书店买《孙子兵法》的除了学者和商业人士，学生是最大的读者群，尤其是正在或者准备学汉语的学生。

据介绍，阿根廷国立拉普拉塔大学为该校孔子学院的汉语班招生，在几天时间里接到了几百个咨询电话，当地民众学习汉语的兴趣如此浓厚，完全出乎他们的预料。拉普拉塔大学的教务主任安德雷娅·帕皮尔说，报名和咨询的人里有学生、工人、职员，甚至还有不少退休的老人，报名的学生人数还在不断增加。布宜诺斯艾利斯大学语言中心主任贡萨洛·比利亚鲁埃尔称，目前阿根廷人对汉语抱有如此高的热情，主要是长久以来对东方文化，特别是中国古老的文化就有极高的兴趣。

阿根廷兴起“汉语热”催生“孙子热”

一位报名的阿根廷学生说，他已经阅读了很多关于中国的书籍和报道，对中国产生了浓厚的兴趣，他很想知道这个古老的东方古国是如何在短短几十年间崛起成为一个对世界拥有巨大影响的国家，也很想了解以孔子和孙子为代表的中国博大精深的传统文化是如何影响世界的。

目前，阿根廷已经成立了两所孔子学院，除了阿根廷总统克里斯蒂娜的母校拉普拉塔大学外，布宜诺斯艾利斯大学也揭牌成立了孔子学院，成为阿根廷人认识中国、了解中国的一扇窗。阿根廷的一些大学、研究机构、商会和民间组织，都开设了不同形式的汉语和中国传统文化课程，同样很受欢迎。

从学汉语到热衷研究传播中国传统文化的人中，最具代表性的要数阿根廷国立萨尔大多大学的教授马豪恩，他是知名的中国问题专家。马豪恩年幼时跟随身为阿根廷驻华武官的父亲前往中国，先后就读于北京芳草地小学和北京第55中学，学习汉语和中国文化。回到阿根廷后，他在一家华人开设的教育机构里继续学习汉语和中国历史。

据马豪恩介绍，对于阿根廷的读者来说，他们更多地想了解中国的古典文学、古典文化。在阿根廷的书店里，有许多老子、孔子、孙子的著作。另外，《孙子兵法》还被转化到商业中运用。

阿根廷—中国工商会执行秘书埃内斯托·塔博阿达最近撰写了一本《中国的生意文化》，向阿根廷人讲述中国的历史文化和商业传统。塔博阿达说，对于阿根廷企业家来说，如果不了解中国的文化传统，就很难在中国将生意做大。他在书中向阿根廷企业家详细介绍了《论语》《易经》和《孙子兵法》等中国的经典古籍以及儒家的核心思想。

塔博阿达说，阿根廷和世界其他国家兴起的“汉语热”基本和中国的发展同步，是中国作为一个新兴强国崛起的标志。他表示，随着中国经济的发展和整体国力的上升，汉语在世界范围内的影响会越来越大，中华传统文化倡导的“和谐”思想也会得到越来越多的认同和共鸣。

阿根廷军事院校都开设《孙子兵法》课，如阿根廷三军联合学院和国防学院。曾为阿根廷军事院校演讲《孙子兵法》的中国军事科学院战争理论与战略研究部的研究员刘庆说，在阿根廷某军事学院讲学时，就有学员请他用《孙子兵法》对伊战进行剖析，学员对此有极大的兴趣。

第四章　民间学堂

亚洲国家和地区兵法演讲成风

“世界哲人奖”、“孙子明星”、“兵法教官”、“全球500强演讲兵法第一人”、“海外华人演讲兵法第一人”、“大陆台商《孙子兵法》授课第一人”……一顶顶桂冠，一个个荣誉，衬托出《孙子兵法》演讲在亚洲国家和地区蔚然成风。

日本孙子国际研究中心理事长服部千春，积极在世界各地讲授《孙子兵法》。他弘扬孙子“不战而胜”思想、致力于世界和平的行为得到国际学术界的认可，先后被授予联合国和平奖、美国总统金奖、英国剑桥大学“世界哲人奖”、“世界和平大骑士勋章”等。

韩国孙子兵法研究院院长宋震九，在收视率最高的韩国电视台、韩国文化电视台开设“孙子兵法大讲堂”，做了450场电视讲座，收看观众不计其数，被韩国观众誉为“孙子明星”；他一年给韩国企业做300多场“伟大的企业靠孙子兵法决定胜负”讲座；他为韩国企业开讲《孙子兵法》找了几百个案例，指导企业用孙子思想发展企业。

韩国知名孙子研究学者朴在熙博士连续44次在韩国教育电视台开讲《孙子兵法》，三星集团经济研究所每周一次请他讲课，韩国浦项制铁的战略大学聘请他担任客座教授，专讲《孙子兵法》。

黄昭虎博士在新加坡南洋理工大学给来自西方国家的研究生开讲“孙子兵法与商业管理”，这已成为该大学的经典品牌课程。从1984起他到世界各地讲课，主要为全世界的总裁们讲《孙子兵法》，讲孙子的智慧如何运用于策略管理和商业运作，受到世界许多机构的热烈反响。目前他共计给包括财富500强30多个国家和经济体的220家主要机构开讲兵法。

马来西亚孙子兵法学会会长吕罗拔21年来演讲《孙子兵法》680多场，创造了海外华人演讲兵法最高纪录。他在马来西亚吉隆坡中华大会堂演讲，也在新加坡中华总商会及澳洲讲学，还到中国南开大学、人民大学和山东、浙江、四川、福州、深圳、苏州等20多所大学演讲，场场都是爆满。

马来西亚《孙子兵法》策略顾问陈富焙，多年来为马来西亚企业、学院等机构主讲孙子及管理课程数百场，他讲的“活用《孙子兵法》”、“寻找孙子宝藏”、“兵法决胜人生”、“向孙子实践者学习”、“华人企业家要能攻善守”等，充满了孙子的哲学思想和实战的成功经验。

印尼中华经典协会创办人吴宗盛用印尼文讲解包括《孙子兵法》在内的中华文化经典，其目的就是要引发年轻一代华裔对中华文化的兴趣，把它融入印尼华人的血液中。吴宗盛用通俗的语言解释《孙子兵法》，以及和谐、诚信、睿智等中国经典文化的优秀哲学，他希望华人要善于利用，将之作为华侨华人生活的指南。

香港岭南大学持续进修学院学务主任及高级讲师邱逸博士，在香港三联书店开讲“风雨飘摇五百年——西方铁蹄下的孙子兵法”。十年来，他开讲孙子讲座百多场，内容千变万化，听众来自各行各业。他为资优学生演讲“兵法与人生”，为中小学生谈“神奇的兵法世界”，面向社会大众讲“西洋棋对围棋——西方的胁迫与中国的突围”。邱逸还连续三年在各大教学机构开设孙子讲座，还讲了“中西兵法与战争观”、“兵以诈立与仁至义尽”、“战与和、抗与退的抉择”、“读孙子·善谋略”等课程。

“海基会”台商财团法律顾问萧新永，应“海基会”、台湾工业总会、台湾外贸协会和大陆各台商协会的邀请，从2007年开始到大陆给台商讲课，用《孙子兵法》的智慧名句经典思维与商战实例，有系统地启迪台商将《孙子兵法》应用于经营管理实施操作上。目前在大陆121家台商协会中他已授课45家，涉及9个省30多个地级市，还有一些县级市的台商协会，被誉为“大陆台商《孙子兵法》授课第一人”。

台湾“中华孙子兵法研究学会”研究员、台湾高凤数位内容学院讲师周泯垣，20年来受邀担任台湾屏东教育大学硕博士班、美和科技大学、高凤数位内容学院、屏东商业技术学院、永达技术学院、正修科技大学、慈惠护专、屏东高工、屏东女校等数十所大学的“兵法教官”，他出版的《孙子兵法与案例导读》一书，目前为台湾多所大学院校采用。

韩国人把孙子当“偶像”，听兵法讲座入迷

“韩国人把孙子当‘偶像’，听兵法讲座入迷；韩国企业家把《孙子兵法》当‘圣经’，越读越痴迷。”韩国民族文化内容研究院院长、知名孙子研究学者朴在熙博士在接受记者采访时，妙语连珠，三句话不离兵法。

朴在熙曾于中国社科院留学，懂汉语，精兵法。在他的办公室书柜里，有《老子的文化解读》《庄子今注今译》《老庄新论》《周易讲解》《毛泽东向孙子问路》等中国诸子百家和传统文化书籍。他连续44次在韩国教育电视台开讲《孙子兵法》，出版过《孙子兵法与21世纪》《以孙子兵法取得突破》《经营战争时代——与孙子相会》等五部专著。

朴在熙开始是研究道家的，后来发现道家与兵家有密切关系，就转向研究《孙子兵法》了，并且一发而不可收拾。近年来，他出的《孙子兵法》书籍有企业经营方面的，也有适合大众阅读的。他告诉记者，今后打算再出版青少年必须了解的《孙子兵法》读本，并把孙子思想贯穿政治、文化、教育、社会、生活等各个领域，包罗万象，让韩国人更深刻地理解《孙子兵法》。

朴在熙认为，从现代意义上讲，《孙子兵法》更具战略性、实战性。韩国企业从20世纪50年代开始，从经营谋略上研究孙子；到了七八十年代从经营战略研究孙子；如今，韩国正掀起“孙子经营学”的热潮。

朴在熙在韩国有一大批《孙子兵法》的粉丝，他与众多企业结成“孙子联盟”。谈起兵法与商战，朴在熙如数家珍：韩国最有名的方便面公司、做巧克力出名的好丽友公司的老板都研究《孙子兵法》，经常请他讲课；三星集团经济研究所每周一次请他讲课；韩国浦项制铁的战略大学聘请他担任客座教授，专讲《孙子兵法》。

说到浦项朴在熙引为自豪：浦项制铁在世界排名靠前，在中国投资也很大，目前销售额70多亿韩币，到2020年将达到200亿韩币。会长郑俊阳

韩国孙子研究学者朴在熙博士

对《孙子兵法》到了痴迷的程度，先后读了几十遍。他说："浦项要发展，必读《孙子兵法》。"

在郑俊阳的号召下，浦项制铁所有中高层管理人员都在研究《孙子兵法》。2010年，浦项制铁的各部门部长们也都学起了《孙子兵法》，他们请朴在熙授课，听完课每个部长都要写心得体会，后来汇编了《部长们学孙子着迷了》一书。现在，《孙子兵法》已成为浦项制铁每个员工的必修课。

谈到韩国企业为何对孙子这么重视，朴在熙表示，原来韩国人比较注重战斗，但往往只取得短期的效果，赢得了战斗，却输掉了战争。后来他们发现《孙子兵法》是讲战略的，就开始从孙子那里学到更大的战略思想，宁可输掉小的战斗，也要赢得的大战争，而且要"不战而胜"。这种理念被韩国的企业家所接受，从《孙子兵法》里开阔了眼界，建立可持续发展的战略，所以企业家们都感兴趣。

采访结束时，朴在熙赠送给记者他出的《孙子兵法与21世纪》一书。在签名时他看了看记者的名片中有个"胜"字，就写下了"全胜"两字，并解释说，孙子思想是全胜思想，是高层次的全胜哲学。

韩国观众眼里的“孙子明星”

他在收视率最高的韩国电视台、韩国文化电视台开设“孙子兵法大讲堂”，作了450场电视讲座，收看观众不计其数；他一年给韩国企业做300多场“伟大的企业靠孙子兵法决定胜负”讲座；他为韩国企业开讲《孙子兵法》找了几百个案例，指导企业用孙子思想发展企业。他就是韩国孙子兵法研究院院长宋震九。

宋震九很忙，每天的讲座都排得满满的。记者见到他是在首尔的一家大酒店，只能趁中午与他共进午餐的一个小时作采访，他下午就在这里给一家大公司讲《孙子兵法与企业品牌战略》，讲座的重点是“今天的企业

韩国孙子兵法研究院院长宋震九

产品如何成为明天的名品”。

谈到与《孙子兵法》的结缘，宋震九告诉记者，他原来是搞企业营销的，在研究市场营销时发现，市场营销战略很需要孙子战略，它具有战略价值和实用价值。进而他又反复思考，为什么《孙子兵法》2500多年来经久不衰，全球掀起“孙子热”？以孙子为代表的中国兵学思想，为什么会在世界各个领域广泛应用并广为收益？最后得出的结论是：孙子是世界的，所以全世界都喜欢孙子。

为进一步了解中国传统文化，考证《孙子兵法》，他先后50多次到中国，并多次考察了孙子故里山东和《孙子兵法》诞生地苏州穹窿山，参加孙子兵法国际研讨会，结识了许多中国的兵法研究专家学者，为他在韩国开设“孙子兵法大讲堂”打下了良好的基础。

他回国后讲给韩国老板们听：企业为什么要学习应用《孙子兵法》？企业有强有弱，在弱势时如何弱生于强？企业遇到竞争对手如何采取迂回战术？迂回不了如何化敌为友强强联手？企业管理层如何与员工上下同欲、同舟共济？企业应对危机如何变中求胜？

宋震九的讲座有理有据、有血有肉，韩国企业家们听了解渴，应用到企业管理真的很灵。于是，他的知名越来越高，邀请他讲课的也越来越多，十多年来他给韩国企业做了约四五千场次讲座。

宋震九不仅在电视台讲，给企业老板讲，也给大学生讲《孙子兵法》。他所做的“大学生未来前途战略”、“孙子兵法与大学生创业战略”专场讲座，引起韩国大学生极大的兴趣，听讲者少则三五百，多则四五千，出现人满为患的状况是常有的。

宋震九根据企业与受众的需要，根据社会发展的趋势，不断开辟新的课题。他针对最困扰企业高层的问题，给他们用《孙子兵法》解读企业最高、最深、最远的课题，企业高层领导遇到的难题都能找到合适的答案。他还有针对青少年及他们的父母亲，根据不同对象，从不同角度，深入浅出，很受欢迎。

宋震九笑谈道，自从韩国两家主流电视台开设“孙子兵法大讲堂”后，他几乎成了韩国观众的“孙子明星”，特别是许多韩国家庭主妇都认识他，因为她们在家看电视的时间较多，他成了韩国大妈们心目中的“偶像”。

大马讲师倡导向孙子实践者学习

“远学《孙子兵法》，近学孙子实践者；或读孙子原著，学成功经验，这样才能真正理解、学好用好兵法。”这是大马企业资深顾问、《孙子兵法》策略讲师陈富焙的“孙子经”。

陈富焙自20世纪80年代开始研读《孙子兵法》，曾在国际美商15年中应用孙子思想掌管各部门，累积盈利高达上亿令吉；在日本企业11年任营销管理，设计一套简易传授的兵法系统。他曾为马来西亚企业、学院等机构主讲孙子及管理课程数百场，他讲的“活用《孙子兵法》”、“寻找孙子宝藏”、“兵法决胜人生”、“向孙子实践者学习”、“华人企业家要能攻善守”等，充满了孙子的哲学思想和实战的成功经验。

陈富焙以孙子名句作座右铭，经过海内外多位孙子大师指点，潜心研究，成为大马小有名气的《孙子兵法》策略顾问。进入21世纪，他把资讯科技应用到推广孙子学上，建设大马首家孙子兵法网站，已发了2000篇文章与网民交流，目标是发5000篇，使很多有志者普及《孙子兵法》。网站也将在适当时候开设孙子课程，推广“孙子应用法”。

初学者如何读《孙子兵法》？陈富焙传授说，首先可先读白话文简译本，对孙子有了初步认识；接着，再读原文，最好也参加兵法讲座，向名师学习。要读，要想，也要运用，在自己的生活及事业中融会贯通。

陈富焙说，孙子受到其春秋战国时代背景的影响，《孙子兵法》是孙子专为当时帝王所写，因此并不是人人都可以读懂。初学者要有一定的经验积累，要具备较高的思维素质。知识面越宽，知识越深厚，才能够真正理解和掌握孙子所要表达的思想极其精髓。

陈富焙在多年的孙子研究中发现，古今中外的孙子学者在熟读《孙子兵法》后，把自己提升到三军统帅水平，达到百战不殆，甚至不战而胜的层次。

孙子的策略使许多兵法实践者受益匪浅，达到奇正之变，不可胜穷也。

陈富焙倡导要善于向孙子实践者学习，每个朝代都有人运用孙子的智慧，成名天下。如中国三国时代，是运用《孙子兵法》最盛的时代，曹操及孔明是当时著名的孙子实践家，创造了“三国谋略”、“孔明兵法”、“曹操兵法”。曹操更是第一个为《孙子兵法》注本的作者，他博览群书，谙熟兵法，成就很显著。

陈富焙相信，从大马走出的华人巨商郭鹤年等都应用《孙子兵法》来管理企业，取得巨大成功。李子政从美国NLP大学考取NLP训练师及咨询师资格，成为马来西亚首位认证的个人潜能开发大师。在和他多次分享中，发现孙子的多项原理，竟然也出现在西方NLP的内容中。

陈富焙认为，21世纪的孙子学习，要认真研究孙子实践者们应用孙子成功的案例，近代成功者包括毛泽东和一大批军事家、企业家。大马企业要特别注重研究日本、韩国、新加坡的华人企业应用《孙子兵法》的成功经验。成功的孙子实践者都是把孙子熟读后灵活应用于实践，形成战略性思考，制定出发展战略，而不仅仅局限于小的战术。

马来西亚孙子兵法策略顾问陈富焙

吕罗拔：海外华人演讲兵法第一人

记者采访马来西亚孙子兵法学会创会人吕罗拔时，他正在作题为“兵法、事业与人生”的演讲。他在演讲中说，《孙子兵法》是中华民族的文化瑰宝，也是全人类的共同精神财富，必须研究、传承、发扬，走向世界。像这样的演讲，他21年来共讲了680多场，创造了海外华人演讲《孙子兵法》的最高纪录。

演讲结束后吕罗拔向记者介绍说，他在马来西亚吉隆坡中华大会堂演讲，也在新加坡中华总商会及澳洲讲学，还到中国南开大学、人民大学和山东、浙江、四川、福州、深圳、苏州等20多所大学演讲，场场都是爆满，海外华人华侨对孙子的崇拜盛况空前，令他为之振奋。

海外华人演讲兵法第一人吕罗拔

“要让更多的马来人和华人学孙子用兵法，要让《孙子兵法》走向世界！”精通英语和汉语的吕罗拔，在大马吉隆坡及各地的“《孙子兵法》与时事”的公开讲学开讲，前10年每个星期举办一场，风雨无阻。他从用孙子战略思想分析当前国际国内形势讲到企业应用兵法成功的典型案例，从自己40年研读兵法的心得到孙子精髓变成人生的全胜学，还精选了20句孙子名言警句，形象地讲述孙子的故事，深入浅出，有血有肉，受众百听不厌，好评如潮。

吕罗拔还专门编印了4000册红皮的《孙子兵法》原文读本，发放给听讲人，并在书面上写道：“读孙子要读原文，要边读边用，偶尔拿出来朗读几句，其效果更为理想。”

吕罗拔在吉隆坡每星期日下午的演讲会，富有吸引力，历久不衰。他演讲过“《孙子兵法》与现代经济战略”、“《孙子兵法》在企业管理中的运用”、“《孙子兵法》的时代精神”、“《孙子兵法》是必成大功的学说”、“从《孙子兵法》谈象棋”、“《孙子兵法》也有文学价值”、“《孙子兵法》与未来”、“让《孙子兵法》走向世界”等。

在演讲“兵法、事业与人生”时，他用孙子“避实攻虚”、“行于无人之地”、“并敌一向”等警句，深入挖掘《孙子兵法》中具有的现实意义和人生智慧。他对《孙子兵法》所蕴含的中国传统思维方式的特点，与中国传统文化的关系，对《孙子兵法》在现实生活、企业管理甚至人生活动中的应用，均发表了自己独到的观点，使听讲者深受启迪。

后来，吕罗拔又在新加坡演讲，同样引起轰动，反应非常热烈，每场300多人，场场爆满，人气越来越旺，有时还需要临时增加座位。吕罗拔坚持演讲21年从来没有间断，在新、马两国掀起了一股股《孙子兵法》热潮。

吕罗拔告诉记者，2003年7月31日，接受新加坡国立大学中文系及新加坡中小企业工会的邀请，举办名为“以石击卵——从《孙子兵法》看企业生存之道”的讲座，地点在狮城中心地带的文华大酒店，讲座不仅座无虚席，还另外加放200多张椅子，才容纳下庞大的听讲群。

当时新加坡的三大华文报纸都以显著标题进行了报道：“现在世界是一个以思想取胜的时代，讲究思想的发源，我们古代有那么深厚的文化，它一定能够使我们创造更伟大的思想文化。”

三联书店读书会开讲兵法

2008年10月14日，香港媒体发出一则消息：中西方的兵学有何异同，孰强孰弱？《孙子兵法》是否有益于后世呢？随后三联书店举行“月读·悦读·读书会”，请来岭南大学持续进修学院讲师邱逸博士，通过对中国兵学经典《孙子兵法》的讲解，从史学和兵学的角度去探讨这些问题。

邱逸1974年出生，广东潮州人，历史学博士、时事评论员，是香港出类拔萃的年轻一代孙子研究学者。他专研宋史、军事史及近代史，尤专于孙子研究，曾在大学教授军事史及《孙子兵法》。他的硕士研究论文《宋代的孙子兵法研究》使其破格升为博士研究生，成为港大中文系首位没有硕士学位的博士生，也是香港为数不多的兵学论文获博士学位的学者。现为岭南大学持续进修学院学务主任及高级讲师。

在三联书店邀约开讲前，邱逸已就兵法和战略举办多达60多场的讲座，较受欢迎的包括为资优学生演讲的“兵法与人生”，为中小学生谈的“神奇的兵法世界”，以及面向社会大众的“西洋棋对围棋——西方的胁迫与中国的突围”。三联书店希望邱逸能以纯军事的角度讲解中国的兵法，并介绍其为“香港最严谨、最正统的《孙子兵法》研究者之一”。

邱逸在三联书店开讲的“风雨飘摇五百年——西方铁蹄下的孙子兵法”，讲述了500年来西方诸国并起，穷兵黩武，血流成河，人类历史进入了世界范围内的战国时期。这对2500多年前诞生于中国战国时期，被后世推崇为“百代谈兵之祖”的《孙子兵法》是严峻的挑战。中华民族如何运用孙子的智慧解救民族于强敌铁蹄下呢？邱逸对此作了精彩的诠释。该讲座成为最受欢迎讲座之一，在短短4年共开办10场之多。

“西洋棋对围棋——西方的胁迫与中国的突围”讲述中西方战略思考的异同。以围棋棋法为例，说明中国在以美为首的西方势力包围下，如何突破和

香港三联书店读书会兵法开讲者

发展，特别是正在复兴的中国如何扬长避短，把握重要的战略机遇期。

2008年至2010年，邱逸连续三年在各大教学机构开设孙子讲座，还讲了"中西兵法与战争观"、"兵以诈立与仁至义尽"、"战与和、抗与退的抉择"、"读孙子·善谋略"等课程。

"中西兵法与战争观"介绍世界战争史轮廓与中西方战争观，由石器时代到21世纪人类战争形式的转变，对东西方兵法文化进行比较研究，凸现中国兵家文化的特质和东方智慧；"战与和、抗与退的抉择"以朝鲜战争为例，讲解《孙子兵法》的要旨；"读孙子·善谋略"则以商场博弈为实例，带出《孙子兵法》的谋略。

邱逸向记者透露，他参加过多次内地举办的《孙子兵法》国际研讨会，目前在岭南大学上孙子课，每周一课，听课的都是成年学生。他的孙子专著《兵书上的战车》在2012年由香港"中华书局"出版。

邱逸博士向大众推广兵法

十年来，在香港，有一个讲座办了百多场，同一讲者，同一题目，但内容千变万化，听众来自各行各业：由小学生到大学生，由专业人士到退休老人，由孩子到家长。这个叫《兵法与人生》的讲座，由《孙子兵法》研究学者邱逸博士主讲，他希望借着讲座以推广中国兵家文化在香港的普及与应用。

邱逸博士现为香港岭南大学持续进修学院学务主任及高级讲师，他认为，面对复杂的社会、多变的人生，如何能驰骋而立于不败，在于个人的修为和应变能力。《孙子兵法》是帮助人面对困境的有益读物，它虽是一本关于行军打仗的书，但由于它具有高度的概括性原则和规律，所以经过演绎后，可视之为处理各种问题的方法学。有见及此，《兵法与人生》的讲座以相同的哲学，演绎不同的故事。

《孙子兵法》之所以能够恒久有效，因为其主要提出一种思想的境界，不涉及实际步骤。邱逸举例说，书中提到“出奇制胜”，但并没有教人出奇制胜的方法，实际如何做，则要靠自我修行，熟读孙子策略，可大大提高“作战”思想。《孙子兵法》提到“知彼知己”，知道自己实力、对方的底细，无论在哪个年代，都非常重要。知彼知己的次序很重要，通常人总会把自己的弱点美化，以为自己最了解自己，其实旁观者清，当局者迷。天时地利人和，不只可用于战事，在人生任何时候，都要掌握局势，胜算才会更高。

邱逸博士的《兵法与人生》讲座，既面对不同听众，教授的内容也丰富多彩，如对学生主要讲解情绪管理、减压、传意及人际关系，对专业人士则重点放在自我效力、逆境智慧、现代化管理、领导才能、危机处理等，对社会大众则是提升个人信念、个人视野、终身学习和修养智慧等。

讲座内容取材自《孙子兵法》十三篇，如从《始计篇》学习自我目标管理，从《作战篇》学习机构管理方针，从《谋攻篇》学习自我效力及危机处理，从《虚实篇》学习人际关系，从《地形篇》学习逆境智能，从《用间篇》学习如何搜集数据等。

邱逸博士向大众推广兵法

他举了孙子提出的五大原则——即以“道、天、地、将、法”为例，示范如何教授年轻人。道者是指思想，年轻人容易迷茫，人生规划上先要搞清自己的思想，想自己是一个怎样的人，就犹如一支军队，思想要一致，事才可好办；天者是指时机，人生目标要分阶段，不同阶段有不同的处理方法；地者是指环境，可引申到居住、学校和工作的环境，如何择校、如何选择读书环境，都要反复考虑的；将者是指人的因素，和谁人合作、谁人有能力，可引申到老师和同事；法者指执行和编制，即使生活和学业都要有严谨的管理制度。

讲座也出现不少意想不到的问题。如有人问：用兵法可否令我一年读完大学？兵法如何增加个人吸引力，可在情场上百战百胜？等等。可见讲座的启发性和趣味性。而邱博士也根据自己所学所知，生动形象地回答所有问题。

邱逸博士对记者谈及东西方文化分野：中国文化的深远之处在于思维角度比较系统性、整体性，西方文化较为着重心理、个人、潜意识。他之所以要推广中国传统兵家文化，就是希望从中习得新思维。《孙子兵法》讲求应变，因时制宜，强调方向、规划、管理、深思，作最坏打算，设最保守战略，尽力保存自身的力量，并在知识和行动上配合，从中悟出个人心得，培养个人在事业和生活上应有的进退之法。

石油公司老总“贩卖兵法”

香港中华厂商联合会、压铸总会、金属业协会、螺丝业协会、制造业联合会、旺角街坊会……记者在香港会展中心举办的创意企业颁奖大会上看到，几乎全香港的中小企业都来了，几乎所有经理人都称他为老师，都听过他的孙子讲座。他叫温昭文，是香港压铸及铸造业总会荣誉会长、香港力孚石油有限公司董事总经理。一个“贩卖”石油老总怎么会去“贩卖”兵法呢？这要从他《孙子兵法》诞生地苏州穹窿山旅游说起。

买兵书“买”到了兵法会长

温昭文今年不到50岁，个头不高，戴了副眼镜，长得人如其名，温文尔雅。他的学历也很“人文”：香港工业专业评审局院士、美国普莱斯顿大学管理哲学博士研究生、澳洲南澳大学工商管理硕士、中山大学行政工商管理硕士，还获北京大学总裁研修证书。他嫌文的还不够，再来点武的，可谓文韬武略。2007年，他来到苏州穹窿山，“兵圣”孙武曾隐居在这密林深处充满智谋和神机色彩的茅蓬坞，写出天下第一兵书《孙子兵法》。

参观了孙武苑、兵圣堂后，温昭文对孙子崇敬有加，想买一本《孙子兵法》带回香港研读，无奈山上的兵书只展不卖。他一再要买，工作人员看他这么执着，就把当地孙子研究会会长谈世茂的联系方式给了他。温昭文与谈会长一见如故，从此交上了朋友，也与孙子有了不解之缘，还当上了《孙子兵法》诞生地苏州吴中区孙子兵法研究会的名誉理事。现在，他已收集到《孙子兵法》书籍100多部。

读兵书读出“两个脑袋一台润滑机”

有了兵书，温昭文如痴如醉，抽空就读。自2008年起，他连续四年参加在苏州举行的中国《孙子兵法》研讨会，向孙子专家学者吸收与学习最新的研究成果，得到了大量的一手研究资料，在香港杂志连载孙子与香港商业现实结合的相关文章。

用温昭文的话说，他对孙子的追求用数字表述是“一二三”：乐安首寻，赴孙子故里山东惠民（古称乐安）参加“孙子故里兵学论坛”；银雀二访，赴银雀山兵法竹简出土博物馆探访；穹窿三谒，每年5月12日代表香港参加国际性孙子纪念活动。他的太太告诉记者，自从温昭文迷上孙子后，有了“两个脑袋”，一个是自己的，另一个是孙子给他的，他变成智慧型了；他是做润滑油的，孙子又给了他润滑机，石油生意也越做越“润滑”。

代讲兵法讲出个“兵法讲师”

一次偶然的机会，香港一场商业讲座主讲人临时有事，让温昭文代课。从来没上过讲坛的他，一上场就紧张，出了一身汗。就在将要冷场时，温昭文灵机一动，居然朗诵起孙子十三篇来。孙子经典的警句，深刻的哲理，通过他广东话抑扬顿挫的朗诵，深深吸引了听讲者，大家给他报以热烈的掌声。打那以后，温昭文一发而不可收拾，成了香港中小企业小有名气的“兵法讲师”。

香港石油公司老总成为兵法讲师

香港螺丝业协会常务副主席林志明对记者说，六年来温昭文到底讲了多少场《孙子兵法》，听众有多少人，他都记不得了，因为他是免费“贩卖兵法”，没有收一个人的听课费，所以也从没统计过人数。香港600多个中小企业协会及分会，大都组织听过他的孙子讲座。于是，香港石油公司老总既“贩卖石油”，又“贩卖兵法”，成为美谈。

《孙子兵法》在欧洲受众逐年增多

法国里昂有位文学爱好者名叫阿莱克西·热尼，他写的《法国兵法》小说获得龚古尔文学奖。热尼在接受法国《快报》专访时说，《法国兵法》这个名字模仿了《孙子兵法》。法国布列塔尼孔子学院法方院长白思杰看到有一篇名为“中国在海外：孙子和软实力的艺术”的文章，读完文章发现孙子很了不起。于是，他开始研读《孙子兵法》，在孔子学院传播孙子文化。

记者在欧洲采访感受到，《孙子兵法》在欧洲名声越来越大，受众也越来越多。“法国八九大街网站”的网民沉思者认为，要跟中国人打交道，就要阅读《孙子兵法》。这位法国网民写道，很少有人能够把握微妙的中

《孙子兵法》在欧洲受众逐年增多

文，在与中国人对话之前，必须首先阅读《孙子兵法》等名著，以便了解中国人的思维以及行动方式。

巴黎戴高乐中国图书馆馆长李大文告诉记者，《孙子兵法》及相关的商战书，在该馆很“吃香”。法国战略研究基金会亚洲部主任瓦莱丽·尼凯评价说，《孙子兵法》不仅在法国军界、商界和学术界受欢迎，就连普通法国民众都很喜欢，购买、阅读孙子书籍很普遍。

俄罗斯从总统到普通公民都认同孙子。苏联的《苏联大百科全书》、《苏联军事百科全书》都列有孙子的条目。有关《孙子兵法》的书籍，读者都很有兴趣。

据俄新社报道，近年俄罗斯叶卡捷琳堡掀起一股“中国古典文学热”，当地书店的中国古典文学书籍销量异常火爆。书店的工作人员表示，俄罗斯人中的确有一群中国文学的爱好者。而叶卡捷琳堡孔子学院教学秘书安德烈，从大学时代就开始对中国文化产生兴趣，看过俄文版的《孙子兵法》。

莫斯科大学的俄罗斯大学生伊万告诉记者，他喜欢研究兵家文化，经常到图书馆阅览兵书。他最崇拜的是还是孙子，因为《孙子兵法》是世界第一兵书，是无法超越的。一位韩国女大学生说，中国传统文化对莫斯科大学的学生的影响很大，对中国兵家文化感兴趣的不仅有俄罗斯大学生，其他各国学生也不在少数。在莫斯科大学文科一号楼教室，她看到学生经常围坐在一起，在认真地用汉语朗诵《孙子兵法》的警句。

马德里孔子学院学员吉瑞对记者说，他最喜爱和崇拜中国的孙子，因为孙子的智慧谋略让全世界折服。至少至今还没发现有哪一个人出的书全世界都在读、都在用，况且又是一本流行了2500多年的古书。

英国作家克拉维尔写道，2500多年前，孙武写下了这部在中国历史上奇绝非凡的著作。他希望，《孙子兵法》成为所有的政治家和政府工作人员、所有的高中和大学学生的必读教材。

英国媒体发表文章称，《孙子兵法》已成为西方人茶余饭后的热议话题。与之相关的书籍在西方比比皆是：《孙子兵法成功学》《职场女王学：孙子兵法让你成为工作赢家》《高尔夫和孙子兵法》……从会议室到卧室，孙子的智慧已几乎被用于西方所有人际交往领域。英国剑桥大学将

《孙子兵法》列为必修课。有一段时间，英国警察局墙壁上贴着许多《孙子兵法》警句，警察当局还督促警员认真学习。

英伦《卫报》把《孙子兵法》列入100本最佳非虚构书籍，并列为政治类书刊第一位。记者发现，在英国与之相关书籍还包括《孙子兵法之经理人：50条战略法则》《孙子兵法教女性如何打败工作劲敌》《策略和技巧：孙子兵法在投资和风险管理中的应用》等，在英国购书网站上可以找到十几种不同版本的《孙子兵法》。

牛津出版社出版的《孙子兵法》，为亚马逊书店连续100多周上榜畅销书。有读者在亚马逊网站上评论："如果人的一生只能读一本书的话，那就应该是《孙子兵法》。"拥有极高收视率的电视连续剧《女高音歌手》有一句台词：他非常喜欢《孙子兵法》，孙子先生在2500多年前讲的许多道理，至今仍然"放之四海而皆准"。这令英国观众掀起《孙子兵法》抢购潮。

"从德国火车站、飞机场到各个书店、大学图书馆，到处都能看到《孙子兵法》，从政治家、军事家到文学家、企业家，都越来越喜爱中国的孙子。"德国克隆大学汉学家吕福克表示，孙子在欧洲很有名，德国人还是很喜欢孙子的，《孙子兵法》有相当数量的读者群，也有相当数量的应用者。

吕福克坦言，过去德国研究中国古典哲学的很少，研读古典兵书的更少，德国人很固执，长期以来崇拜《战争论》，因为德国是克劳塞维茨的故乡，德国人读《战争论》的热情一直很高，对中国的《孙子兵法》并不重视。现在这种情况有很大的改变，对中国文化、中国的古代经典、对中国兵家文化感兴趣的人正在逐年增多。

英国华社多形式弘扬中国兵家文化

"《孙子兵法》是中国传统文化的瑰宝，作为弘扬以中华文化为宗旨的英国中华传统文化研究院，理应大力弘扬。"英国中华传统文化研究院院长桂秋林在接受记者采访时透露，该院将开设《孙子兵法》讲座，邀请海内外著名孙子研究学者来英国演讲。

据介绍，英国中华传统文化研究院成立于2011年，旨在向西方社会介绍中华传统文化精髓，促进中西方的文化交流。该院成立以来，多次举办各类研讨会，传播孔子、老子、孙子及易经、风水等中国传统文化，为英国及西方教育界、学术界提供了对话和交流的平台，在英伦产生了积极的影响。

桂秋林对记者说，中国传统文化在明清之际，通过西方耶稣会士，通过东学西渐，传播到了欧洲一些国家。从17世纪开始，中国的一些儒家经典如《论语》《孙子兵法》等，就通过法国传到了欧洲其他国家。法国18世纪的启蒙思想家很少有不受中国文化影响的，他们对中国文化的推崇程度，让我们现在都感到震惊。德国著名哲学家都研究过中国哲学，在不同程度上受到过中国儒家学说和兵家哲学的影响。

于是，古老的东方文化开始在西方施展她独特的魅力，西方人士开始欣赏中华文化的真善美，吸收和谐的儒家文化和兵家文化的内涵，了解博大精深的中华文化。

中国传统文化里有太多的优秀精华可以为现代人所用。桂秋林说，比如《孙子兵法》，不仅可以用于现代战争，使善攻者攻于九天之上，善守者守于九地之下，也可以把它用于现代商战。现在，通过一些专家的讲解，包括欧洲在内的全世界企业家开始把它用于商业竞争中；各国的政治家、军事家视它为"济世宝典"；现代的哲学家、科学家更把它看作"智慧宝库"。

桂秋林介绍说，英国中华传统文化研究院举办的英国中华传统文化学术研讨会，自今年2月开办以来，汇聚各路精英，举办了丰富多彩的演讲，为在英国的海外游子提供了中华文化的精神盛宴。蔡虹冰的演讲，主题聚焦中国古典哲学和传统价值观对现代经济管理的影响，涵盖了老子、孙子的哲学思想。

蔡虹冰女士从三个层面介绍了中国人的管理智慧：通过介绍中国古典哲学思想，分析传统文化及价值观对现代经济管理的影响；通过介绍中国人的思维方式、处事方法，达到高效沟通的目的；通过介绍跨国公司在中国运作的案例，分析跨文化商务沟通的挑战及对策，并分享成功经验，达到古典与现代、中国与外国、理论与实践的融会贯通。

桂秋林说，除了学术研讨会渗透孙子哲学思想外，英国中华传统文化研究院还采取多种形式弘扬中国兵家文化。如主办中国武术研讨会，邀请中国嵩山少林寺武僧总教头林存国师傅讲解了中国武术的精华，传播少林七十二艺、十八般兵器、硬气功、散手、擒拿、太极，及中华各派武术精粹，他带领的学员在现场进行了精彩武术表演。

再如，庆祝伦敦京昆研习所成立10周年时，英国著名侨领、全英华人中华统一促进会会长单声，同时也是英国中华传统文化研究院名誉院长，表演了反映中国兵家文华的《空城计》中诸葛亮的老生唱段。

单桂秋表示，包括兵家文化在内的中华传统文化，是中国数千年沉淀下来的精华，有着自身的独特性和优良传统，是千百年来中国人智慧的结晶。学习中华传统文化可以培养民族自豪感和增强民族凝聚力，为身处海外的华人增加一份自尊和自信。她希望做一个中华传统文化的传播者，共建一个和而不同的和谐文化交流舞台。

英国中华传统文化研究院院长桂秋林

澳洲华人学者只做孙子传播一件事

在悉尼的一处公寓，记者见到了澳大利亚华人孙子研究学者丁兆德。在不大的客厅里，摆满了各种《孙子兵法》书籍、孙子刊物等相关资料，还有孙子六米长卷书法、孙子邮票、孙子工艺品，以及澳洲华文媒体刊登的孙子报道的剪贴。他见到记者的第一句话就是：“有生之年只做孙子传播一件事。”

今年84岁的丁兆德，祖辈是古城苏州名门望族，曾在苏州研究所工作。移居澳洲10多年，他担任澳洲华人作家协会顾问、孙子研究会名誉顾问，一直致力于弘扬和传播中国兵家文化，在相隔遥远的中澳之间，架起了一座弘扬孙子文化的桥梁。

澳洲孙子研究学者丁兆德

丁兆德付出心血最多的是孙子讲座，在澳洲许多社区、协会开讲，听讲者均是当地和澳洲各地的社会知名人士和孙子爱好者。他在澳洲诗词论坛做孙子讲座，澳洲华文媒体几乎都在显著位置作了报道，引起澳洲华人社会的广泛关注。

丁兆德对记者说，他是从《孙子兵法》诞生地苏州走出的，古城苏州有两个“世界宝贝”是不可复制的：一个是苏州古典园林，已“出口”到全世界；另一个是《孙子兵法》，全世界都高度认可并在各个领域广泛应用。

位于悉尼市达令港畔的谊园，建

于1988年，如今已成为澳大利亚的一个著名的景点。这座仿照苏州园林建造的谊园是中国境外较大的园林，也是苏州拙政园在海外的一个“姐妹园”。为两个跨国园林“牵手”的“媒人”，正是丁兆德和他的弟弟丁兆璋。

苏州古典园林“落户”澳洲后，包括丁兆庆在内的丁氏三兄弟又在当另一个“世界宝贝”《孙子兵法》的传播使者。作为大哥的丁兆德自然当仁不让，10多年来，他自费在悉尼社区举办《孙子兵法》图片书籍展览，开设孙子讲座，成为澳洲小有名气的华人孙子研究学者。

他与日本孙子国际研究中心理事长服部千春、马来西亚孙子兵法学会会长吕罗拔、香港协成行集团主席、方树福堂基金会主席方润华等国际知名孙子研究学者保持了密切的联系。他还介绍澳洲的知名人士、文化学者到《孙子兵法》诞生地苏州穹窿山考察，感受孙子文化的智慧和魅力。

他连续多年在《澳洲日报》《星岛日报》《澳洲新报》《澳洲日报》《新快报》等澳洲华文媒体发表了一系列介绍《孙子兵法》的文章，提升了孙子文化在澳洲的影响。

为了推动《孙子兵法》在澳洲的进一步传播，丁兆德给澳大利亚总理吉拉德写信，向他介绍《孙子兵法》的精髓和在全世界的传播和应用的情况，希望中国这个传统文化的瑰宝在澳洲得到弘扬，为澳洲的经济发展增光，为澳洲的多元文化添彩。他还把《孙子兵法》及相关资料赠送给澳大利亚各个图书馆和高等院校，供澳洲人研读和查阅。

图书在版编目（CIP）数据

《孙子兵法》与教育领域 / 韩胜宝主编. — 苏州：古吴轩出版社，2016.5

（孙子兵法全球行系列丛书）

ISBN 978-7-5546-0672-8

Ⅰ. ①孙… Ⅱ. ①韩… Ⅲ. ①《孙子兵法》—应用—教育—通俗读物 Ⅳ. ①G4-49

中国版本图书馆CIP数据核字（2016）第077824号

责任编辑： 洪　芳
见习编辑： 蔡时真
装帧设计： 杨　洁
责任校对： 陆九渊
责任照排： 刘　浩

书　　名：《孙子兵法》与教育领域
主　　编： 韩胜宝
出版发行： 古吴轩出版社
地址：苏州市十梓街458号　　邮编：215006
Http://www.guwuxuancbs.com　　E-mail:gwxcbs@126.com
电话：0512-65233679　　传真：0512-65220750
出 版 人： 钱经纬
印　　刷： 苏州市大元印务有限公司
开　　本： 787×1092　1/32
印　　张： 5.875
版　　次： 2016年5月第1版　第1次印刷
书　　号： ISBN 978-7-5546-0672-8
定　　价： 37.00元